东吴政治学城乡治理论丛

丛书主编 乔耀章

苏州大学优秀创新团队建设项目"地方政府与社会治理"（项目编号：NH33710921）

全国文明城市创建与城市治理

以苏州为个案

芮国强 沈志荣 宋 典 编著

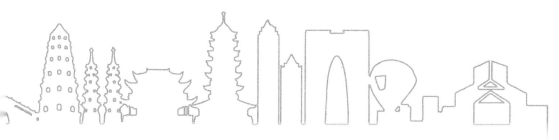

苏州大学出版社
Soochow University Press

图书在版编目(CIP)数据

全国文明城市创建与城市治理：以苏州为个案／芮国强，沈志荣，宋典编著．－－苏州：苏州大学出版社，2023.12
　ISBN 978-7-5672-4637-9

　Ⅰ．①全… Ⅱ．①芮… ②沈… ③宋… Ⅲ．①城市建设—社会主义精神文明建设—研究—苏州②城市管理—研究—苏州 Ⅳ．①D648.3②F299.275.33

中国国家版本馆 CIP 数据核字(2024)第 015168 号

书　　名：	全国文明城市创建与城市治理——以苏州为个案 Quanguo Wenming Chengshi Chuangjian yu Chengshi Zhili ——Yi Suzhou Wei Gean
编　　著：	芮国强　沈志荣　宋　典
责任编辑：	王　娅
装帧设计：	吴　钰
出版发行：	苏州大学出版社（Soochow University Press）
社　　址：	苏州市十梓街1号　邮编：215006
印　　装：	江苏凤凰数码印务有限公司
邮购热线：	0512-67480030
销售热线：	0512-67481020
开　　本：	700 mm ×1 000 mm　1/16　印张：13　字数：187千
版　　次：	2023年12月第1版
印　　次：	2023年12月第1次印刷
书　　号：	ISBN 978-7-5672-4637-9
定　　价：	50.00元

图书若有印装错误，本社负责调换
苏州大学出版社营销部　电话：0512-67481020
苏州大学出版社网址　http://www.sudapress.com
苏州大学出版社邮箱　sdcbs@suda.edu.cn

目 录

第1章 全国文明城市创建概述 ... 1
1.1 概述 ... 2
1.2 全国文明城市测评体系 ... 11

第2章 苏州市：合纵连横，打造文明创建协同治理新格局 ... 18
2.1 协同治理机制日益成熟，城市治理水平稳步提升 ... 19
2.2 联动行业"互创"，精神文明创建扩量增质 ... 27
2.3 强化技术赋能，谱好新时代文明创建"协奏曲" ... 31
2.4 绩效评估民众本位化，多元监督提优文明创建 ... 33

第3章 苏州工业园区：践行企业社会责任，助力文明建设 ... 38
3.1 苏州工业园区发展背景 ... 38
3.2 苏州工业园区全国文明城市创建现状 ... 39
3.3 苏州工业园区企业社会责任建设措施 ... 43
3.4 苏州工业园区企业社会责任建设成效 ... 68

第4章 苏州市姑苏区：打造新时代文明实践矩阵，助推文明城市创建常态化 ... 74
4.1 区域概况 ... 74
4.2 姑苏区全国文明城市创建现状 ... 75
4.3 姑苏区全国文明城市创建举措 ... 78
4.4 姑苏区新时代文明实践矩阵成效 ... 80

第5章 苏州相城高新区（元和街道）：扛起主城担当，打造样板点位，引领文明创建 …… 94

- 5.1 精细化、常态化文明创建工作举措 …… 94
- 5.2 特色样板点位情况及引领成效 …… 97
- 5.3 样板点位引领下的街道创建成效 …… 104

第6章 竞标与竞争：全国文明城市评选促进城市基本公共服务均等化的机制研究 …… 108

- 6.1 制度背景与理论基础 …… 110
- 6.2 全国文明城市评选影响城市基本公共服务均等化机制的理论分析 …… 113
- 6.3 全国文明城市评选影响城市基本公共服务均等化机制的实证研究设计 …… 117
- 6.4 全国文明城市评选对城市基本公共服务均等化影响的竞标效应实证分析 …… 121
- 6.5 全国文明城市评选对城市基本公共服务均等化的竞争示范效应实证分析 …… 131
- 6.6 结论与讨论 …… 137

第7章 城市治理视阈中的行政竞标制：内在逻辑与成功经验 …… 141

- 7.1 行政竞标制的起源与特征：城市治理注意力转向 …… 142
- 7.2 行政竞标制的研究视角：理论基础与案例选择 …… 144
- 7.3 行政竞标制的启动机制：注意力传导和政策营销 …… 146
- 7.4 行政竞标制的运行机制：注意力转译和政策执行 …… 149
- 7.5 行政竞标制的中国经验：政治势能、动态考核和治理协同 …… 151
- 7.6 结论与讨论 …… 153

第 8 章 苏州市全国文明城市创建过程中市民参与状况调查 …… 155
  8.1 研究框架及研究设计 ………………………… 155
  8.2 数据来源和样本分析 ………………………… 157
  8.3 苏州市全国文明城市创建过程中市民参与问题
     及负面影响 …………………………………… 166
  8.4 苏州市全国文明城市创建过程中市民参与问题
     原因分析 ……………………………………… 177
  8.5 提升苏州市全国文明城市创建的市民参与对策
     研究 …………………………………………… 192

第 1 章　全国文明城市创建概述

城市象征着文明，一座城市的发展刻画着人类文明的发展轨迹，而城市化作为时代发展的必然趋势，是社会文明进步的重要标识。城市化发展的过程中，物质力量的发展变迁带动着社会生产力的进步，为城市建设提供了丰富稳固的经济基础，而城市文化的演进则影响着整个城市文明的发展趋势。因此，城市进程不仅仅是需要物质文明的延续升级，更是对一个城市的精神文明发展提出了更高标准的要求。

自党的十八大以来，以习近平同志为核心的党中央高度重视社会主义精神文明建设，坚持用习近平新时代中国特色社会主义思想武装全党、教育人民，建设具有强大凝聚力和引领力的社会主义意识形态，用社会主义核心价值观凝聚共识、汇聚力量，用社会主义先进文化、革命文化、中华优秀传统文化培根铸魂、启智润心，不断满足人民群众多样化、多层次、多方面的精神文化需求，不断提升人民思想觉悟、道德水准、文明素养和全社会文明程度，更好地构筑中国力量、中国精神、中国效率，推动精神文明建设领域发生全面、深刻、根本性的变化，站在历史和全局的战略高度，不断推动社会主义精神文明建设在理论和实践上取得新成就、创造新经验。

2015 年 2 月 28 日，习近平总书记在会见第四届全国文明城市、文明村镇、文明单位和未成年人思想道德建设工作先进代表时的讲话中提到："人民有信仰，民族有希望，国家有力量。实现中华民族伟大复兴的中国梦，物质财富要极大丰富，精神财富也要极大丰富。我们要继续锲而不舍、一以贯之抓好社会主义精神文明建设，为全国各族人民不断前进提供坚强的思想保证、强大的精神力量、丰润的道德滋养。"① 2020年9月22日，在教育文化卫生体育领域专家代表座谈会上的讲话中，习近平总书记也曾讲到："文明是现代化国家的显著标志。要把提高社会文明程度作为建设社会主义文化强国的重大任务，坚持重在建设、以立为本，坚持久久为功、持之以恒，努力推动形成适应新时代要求的思想观念、精神面貌、文明风尚、行为规范。"②

纵观党的历届领导人为推进物质文明建设和精神文明建设共同发展做出的不懈努力，我们更加深刻地了解到建设社会主义精神文明，是建设中国特色社会主义实践的重要组成部分。社会主义精神文明建设作为中国特色社会主义的重要特征，是实现"两个一百年"奋斗目标、建设社会主义现代化强国、实现中华民族伟大复兴中国梦的重要内容和重要保证。精神文明创建活动是把社会主义精神文明建设的任务要求落实到城乡基层的重要载体和有力抓手，是人民群众群策群力、共建共享、移风易俗、建设美好生活的创举。

改革开放以来，特别是党的十八大以来，精神文明创建活动以社会主义核心价值观为引领，以培养担当民族复兴大任的时代新人、弘扬共筑美好生活梦想的时代新风为根本任务，以创建文明城市、文明村镇、文明单位、文明家庭、文明校园为主要形式，以各类精神文明创建先进典型为示范，推动形成各地区、各部门你争我赶共建精神文明、人民群众见贤思齐提升道德水准、全社会崇德向善提高文明程度的生动局面。

1.1　概　述

1.1.1　何为"文明城市"？

全国文明城市，简称"文明城市"，是指在全面建成小康社会，推

---

① 习近平. 人民有信仰民族有希望国家有力量 [N]. 人民日报, 2015-03-01 (1).
② 习近平. 习近平在教育文化卫生体育领域专家代表座谈会上的讲话 [N]. 人民日报, 2020-09-23 (2).

进社会主义现代化建设新的发展阶段，坚持科学发展观，经济和社会各项事业全面进步，物质文明、政治文明与精神文明建设协调发展，精神文明建设取得显著成就，市民整体素质和文明程度较高的城市。

文明城市是对一个城市文明创建工作成效的最高评价，是反映一个城市经济、政治、文化、社会、生态文明建设和党的建设综合发展成果的最高荣誉，是社会普遍公认的综合性强、含金量高、公信力大，也是创建难度最大的一个城市荣誉，是国内城市综合类评比中的最高荣誉，是城市整体文明水平的集中体现，代表了一个城市最有价值的无形资产和最具竞争力的战略资源。

1.1.2 文明城市发展历程

中华人民共和国成立初期至改革开放前，党和国家虽然没有明确提出对于城市文明的认识，对于各个领域文明的概念和协调发展也尚没有清晰的界定，但是从整个社会实践发展来看，新中国在这段时间内对政治领域、经济领域、文化领域，以及社会生活领域中所做出的努力和取得的成就是各个领域文明的体现。自党的十一届三中全会以来，改革开放深刻地影响了我国社会的方方面面，社会生产力不断提高，社会建设取得重大进步，社会事业得到快速发展。随着经济社会转型发展并取得丰硕成果，社会利益格局大幅调整，风险和挑战不断出现，我国在文明实践历程中形成的以"文明城市"为载体的城市物质文明与精神文明共识，经历了一个艰难的发展历程，大抵可以分为三个阶段。

第一阶段：从 1996 年至 2004 年年底，是城市文明价值共识的孕育期。1996 年，党的十四届六中全会通过《中共中央关于加强社会主义精神文明建设若干重要问题的决议》，开启了全国文明城市创建的历程，第一次明确了以"城市文明"为核心和价值取向的精神文明建设，"城市文明"意识作为城市发展的公共意识，开始孕育发展。

第二阶段：2005 年至 2011 年，是城市文明价值共识的形成时期。2002 年，中央精神文明建设指导委员会办公室（以下简称"中央文明办")组织专家开始研制《全国文明城市测评体系(试行)》,征求了中央 30 多个部委的意见,历时 2 年零 8 个月。研制要求之高、工作量之大、涉及面之广、参与人数之多,在我国精神文明建设领域是空前的。

2004 年 9 月,测评体系正式颁布试行。2005 年评选表彰第一届全国文明城市,全国 31 个省、自治区、直辖市共 118 个城市(城区)开始按照评价标准和评价方法推进城市创建工作。2008 年至 2011 年的第二、第三届全国文明城市建设,也进一步突出了文明城市的人文环境、市场环境等软环境和民生幸福工程的要求,文明创建的力量不断强化。

第三阶段:2012 年至 2017 年,是城市文明价值共识的完善时期。该阶段对于文明城市创建中存在的"拿牌子、讲面子",片面政绩观和形式主义等问题提出了批评和建议,城市文明价值共识经过创建实践的磨炼,进一步成为新时代中国各大中小城市和千百万人民群众共同的价值追求。

1.1.3 文明城市创建的价值体现

文明城市是评价城市整体文明水平的最高荣誉,也是精神文明创建的重要载体和有效手段。而创建文明城市,是构建社会主义和谐社会的重要内容和有效途径,是提升城市魅力和综合竞争力的重要举措,也是城市整体形象和发展水平的集中体现,必将有力地促进苏州市域物质文明、政治文明、精神文明、生态文明和社会的和谐发展,有助于进一步提高群众的生活质量,从而造福广大市民群众。

在我国,把创建文明城市作为构建和谐社会的理性选择,是随着精神文明建设实践的深入而逐渐明晰、逐渐完善的。创建全国文明城市实质上是在更高层次、更高水平上推动城市发展,是贯彻落实科学发展观的具体实践;创建全国文明城市既是构建和谐社会的重要载体,也是构建和谐社会的重要推动力;创建全国文明城市是一项顺民意、得民心的利民工程、实事工程,已成为引导我国城市化、现代化建设的理想范式，城市越文明，社会和谐的根基越牢靠。

作为精神文明创建的龙头工程，创建文明城市活动是体现中国特色社会主义制度优势、提升城市治理能力和治理水平、提高市民文明素质和城市文明程度、保证中国特色社会主义城市化进程顺利推进的重要途径。创建文明城市活动要以习近平新时代中国特色社会主义思想为指导，深入贯彻习近平总书记关于城市工作和创建文明城市工作的重要指示精神，坚持人民城市人民建、建好城市为人民的工作导向，推动城市科学规划、精心建设、精细管理，促进城市生产发展、生活宜居、生态良好，打造城市优美环境、优良秩序、优质服务，提升市民文明素质、城市文明程度、城市文化品位、群众生活质量，建设崇德向善、文化厚重、和谐宜居、人民满意的文明城市。

1.1.4　文明城市优化建设

自党的十八大以来，全国文明城市创建工作在习近平新时代中国特色社会主义思想的指引下，着力增进民生福祉、塑造城市人文魅力、提升城市治理效能，助力城市环境面貌和群众精神风貌不断改善、物质文明与精神文明协调发展，推动全国文明城市创建不断迈向高质量、谱写新篇章。

以习近平总书记一系列重要讲话为指引，中央精神文明建设指导委员会（以下简称"中央文明委"）印发《关于深化群众性精神文明创建活动的指导意见》、持续表彰文明创建先进典型，不断激发基层参与的积极性、主动性、创造性，为全面提升市民综合素质、城市文明程度和群众生活质量增添新动力、注入新活力。

中共中央宣传部、中央文明办落实中央精神、对标高质量要求，在总结文明城市创建宝贵经验的基础上，优化创建内容，细化考核标准，加快推进城市创建顶层设计和制度建设。

1.1.4.1　完善测评体系、创新工作方法

2021年4月，全国文明城市测评体系完成新一轮修订。中央文明办

向48个中央文明委成员单位充分征求意见并召开修订工作座谈会,与30多个全国文明城市文明办负责同志进行交流,将收到的700多条修改建议纳入测评体系,考核指标也从2018年的180项精简到140项。测评内容明显"瘦身"的背后,折射出全国文明城市创建在顶层设计环节的与时俱进。

1.1.4.2 "有进有退"、开展动态管理

优中选优,推动全国文明城市高质量发展。经过六届评选,目前已经有307个城市获得"全国文明城市"荣誉称号。其中第六届全国文明城市(区)名单共133个,复查确认保留荣誉称号的前五届全国文明城市名单151个,具体名单见表1.1、表1.2。中央文明办在深化拓展、巩固提升文明城市创建工作成果的基础上,将部署开展全国文明典范城市创建,努力打造更高质量、更高水平、更能彰显中国特色社会主义制度优势的城市范例。

表1.1 第六届全国文明城市(区)名单(133个)

城市类型	城市名称
省会城市(2个)	云南省昆明市、甘肃省兰州市
直辖市城区(12个)	上海市闵行区、天津市西青区、天津市北辰区、上海市崇明区、天津市滨海新区、重庆市合川区、上海市松江区、上海市金山区、上海市青浦区、重庆市沙坪坝区、重庆市涪陵区、北京市延庆区
地级市(40个)	湖北省十堰市、江苏省盐城市、浙江省金华市、浙江省衢州市、山东省济宁市、陕西省延安市、江苏省淮安市、山东省泰安市、浙江省舟山市、四川省德阳市、广东省肇庆市、江苏省连云港市、安徽省滁州市、河南省焦作市、江西省萍乡市、云南省普洱市、湖北省鄂州市、河南省漯河市、河北省廊坊市、河南省南阳市、湖北省荆门市、吉林省吉林市、广西壮族自治区桂林市、四川省自贡市、四川省眉山市、安徽省黄山市、湖南省郴州市、山西省晋城市、云南省曲靖市、河南省信阳市、安徽省宿州市、陕西省铜川市、四川省宜宾市、贵州省六盘水市、河南省商丘市、湖南省娄底市、福建省宁德市、江西省景德镇市、山西省忻州市、安徽省阜阳市

续表

城市类型	城市名称
县级市和县（79个）	浙江省德清县、安徽省金寨县、吉林省延吉市、山东省曲阜市、河南省林州市、江苏省邳州市、江苏省启东市、河北省大厂回族自治县、浙江省慈溪市、江苏省海安市、浙江省嘉善县、江苏省昆山市、安徽省广德市、浙江省海盐县、浙江省平湖市、浙江省安吉县、江西省宜丰县、湖北省枝江市、河南省新安县、安徽省宁国市、山东省新泰市、湖南省宁乡市、山西省静乐县、湖北省竹山县、四川省都江堰市、安徽省歙县、四川省米易县、江苏省句容市、浙江省临海市、浙江省建德市、陕西省彬州市、河南省平舆县、广东省德庆县、福建省上杭县、贵州省凯里市、山西省古县、江西省玉山县、江苏省太仓市、江苏省如东县、四川省阆中市、浙江省义乌市、陕西省吴起县、浙江省嵊州市、吉林省通化县、内蒙古自治区杭锦旗、河北省文安县、河南省柘城县、江苏省靖江市、贵州省仁怀市、山东省肥城市、山东省青州市、湖北省丹江口市、山东省昌邑市、重庆市巫溪县、云南省景洪市、黑龙江省桦南县、福建省福清市、山西省长子县、广东省仁化县、山西省沁水县、河南省汝州市、吉林省集安市、云南省石林彝族自治县、河北省遵化市、山东省诸城市、四川省江油市、云南省楚雄市、河南省兰考县、江西省芦溪县、江西省大余县、江苏省高邮市、湖南省湘潭县、广西壮族自治区北流市、青海省玉树市、云南省澄江市、福建省德化县、新疆维吾尔自治区博乐市、安徽省桐城市、河南省新县

表 1.2　复查确认保留荣誉称号的前五届全国文明城市名单（151个）

城市类型	城市名称
省会（首府）副省级城市（24个）	山东省济南市、浙江省宁波市、江苏省南京市、广东省广州市、浙江省杭州市、山东省青岛市、福建省厦门市、湖北省武汉市、河北省石家庄市、广东省深圳市、湖南省长沙市、江西省南昌市、贵州省贵阳市、四川省成都市、辽宁省沈阳市、海南省海口市、青海省西宁市、宁夏回族自治区银川市、安徽省合肥市、辽宁省大连市、河南省郑州市、黑龙江省哈尔滨市、福建省福州市、吉林省长春市
直辖市城区（16个）	上海市嘉定区、上海市徐汇区、上海市静安区、上海市奉贤区、上海市浦东新区、上海市长宁区、重庆市渝北区、天津市和平区、重庆市南岸区、天津市河西区、重庆市江北区、北京市海淀区、北京市西城区、北京市东城区、北京市通州区、北京市朝阳区

续表

城市类型	城市名称
地级市（64个）	浙江省湖州市、江苏省宿迁市、江苏省徐州市、江苏省泰州市、四川省遂宁市、四川省绵阳市、河南省许昌市、浙江省丽水市、江苏省常州市、辽宁省鞍山市、浙江省台州市、江苏省扬州市、江西省赣州市、河南省濮阳市、河南省驻马店市、安徽省宣城市、贵州省遵义市、四川省泸州市、山东省日照市、江西省吉安市、江苏省苏州市、湖南省湘潭市、湖南省常德市、宁夏回族自治区石嘴山市、河北省唐山市、山西省长治市、山东省威海市、陕西省咸阳市、福建省龙岩市、湖南省株洲市、湖北省宜昌市、安徽省芜湖市、安徽省蚌埠市、安徽省安庆市、福建省三明市、河南省洛阳市、湖南省岳阳市、甘肃省嘉峪关市、四川省广安市、山东省淄博市、江苏省镇江市、内蒙古自治区鄂尔多斯市、河南省新乡市、安徽省淮北市、安徽省铜陵市、广东省佛山市、浙江省绍兴市、山东省烟台市、河北省秦皇岛市、山东省潍坊市、山东省东营市、辽宁省盘锦市、广东省中山市、江苏省南通市、福建省莆田市、广东省东莞市、福建省漳州市、浙江省嘉兴市、安徽省马鞍山市、甘肃省金昌市、山东省临沂市、广东省珠海市、浙江省温州市、广东省惠州市
县级市和县（47个）	山东省胶州市、安徽省当涂县、江苏省江阴市、江苏省张家港市、江苏省常熟市、吉林省梅河口市、河北省迁安市、云南省安宁市、浙江省桐庐县、江西省南昌县、江苏省如皋市、浙江省诸暨市、江苏省溧阳市、广东省四会市、山东省寿光市、山东省莱州市、山东省荣成市、湖南省韶山市、河北省正定县、河南省巩义市、浙江省长兴县、安徽省天长市、江苏省宜兴市、河南省永城市、广东省龙门县、山东省龙口市、云南省腾冲市、山东省乳山市、河南省长垣市、湖北省大冶市、内蒙古自治区鄂托克前旗、福建省沙县、内蒙古自治区准格尔旗、河南省济源市、陕西省志丹县、浙江省瑞安市、陕西省凤县、浙江省余姚市、海南省琼海市、吉林省敦化市、河南省西峡县、湖北省宜都市、新疆维吾尔自治区库尔勒市、广东省博罗县、福建省石狮市、福建省武平县、江苏省丹阳市

与此同时，《全国文明城市（区）停复牌管理规定》明确对停牌城市的复牌工作必须采取先暗访再明查的方式进行，综合暗访明查情况、所在省级文明办评价、城市文明委汇报，向中央文明委提出是否复牌的建议。

2013年10月，因南京市委、市政府主要领导违纪违法，发生《全国文明城市测评体系》中"一票否决"相关事项，南京市被中央文明办停止全国文明城市资格，2016年春节前，中央文明办与环境保护部、国家统计局相关司局组成专项督查组，通过实地暗访、调研考察、召开座谈会等方式对南京市深化文明城市创建工作进行了专项督查。暗访调研结束后，中央文明办专项督查组召开工作座谈会，对督查暗访情况进行反馈。督查组认为，南京是全国文明城市创建的排头兵，是首批获得"全国文明城市"荣誉称号的省会城市，是省会城市中的创建先行者。虽停牌两年，但市委、市政府高度重视，创建目标不变，创建干劲不松，全市创建工作做到了基础深厚、重点突出、举措有效、成绩显著。创建工作不但没有停步，而且有了新成效，因此，南京顺利复牌"全国文明城市"。

此外，自2022年3月3日起，恢复河北省石家庄市全国文明城市资格，此前，石家庄的"全国文明城市"称号随着市长邓沛然任内落马被"一票否决"；2022年3月25日，在河北省邯郸市文明城市建设工作推进会上，曾因市委书记落马被"一票否决"的邯郸市成功恢复了"全国文明城市""省级文明城市"资格；2022年，第三届全国文明城市湖南省常德市，因创建工作滑坡被取消"全国文明城市"荣誉称号；2022年6月，河北省唐山市"全国文明城市"资格被中央文明办停止。

1.1.4.3 尊重地域差异、避免千城一面

测评的规范性和标准化，并不意味着一刀切式的"千城一面"。在顶层设计中兼顾城市特殊性、尊重地域差异性，成为创建标准的重要考量。

全国文明城市创建聚焦市民文明素质、管理服务水平、群众满意度，降低了对基础设施等硬件方面的测评权重，彰显着以人为核心的新型城镇化战略要求。随着创建方向愈发明晰、顶层设计日趋完善，各地文明城市创建工作也更加有的放矢、走深走实。

创建文明城市作为构建和谐社会的理性选择，其实践路径要求各城市结合实际情况，着重从以下三个方面入手。

第一方面，以弘扬实践"城市精神"为主线，努力打造"城市，让生活更美好"的生活环境、政务环境、人文环境和生态环境。城市精神

是支配市民的价值取向、行为方式、心理导向的精神力量，是一座城市的灵魂。城市的品位与魅力不仅仅在于摩天大厦和繁华的街面，更在于它的文化、历史和亲和力；弘扬和实践城市精神要有营造城市空间的人文氛围，树立以人为本的现代城市建设理念；用人文精神塑造社区，使之成为体现人文关怀的精神家园；既保护个人利益的合法性，又维护社会公共秩序的至上性；既尊重个人的自由空间，又培育人际关系的亲和氛围。在弘扬实践城市精神的过程中，营造"城市，让生活更美好"的人文环境、生活环境、生态环境。

第二方面，以落实《公民道德建设实施纲要》为核心，全面规划市民素质建设，培育市民顾全大局、团结协作的风格，精益求精、追求卓越的品质，诚实守信、博采众长的风范，培养市民顽强拼搏的奉献精神、知难而进的敬业精神、扶贫帮困的关爱精神、崇尚节俭的奋斗精神、敢于创新的科学精神。在落实《公民道德建设实施纲要》、全面规划城市市民素质建设过程中，必须明确市民素质教育的目标和任务，构建切实有效的市民素质教育体系，逐步推进市民素质教育的实施：一是要把市民素质教育纳入城市建设总体规划，制定详尽合理的实施步骤；二是市民素质教育的实施要构建一个既有政府部门引导，又有民间组织、社会组织参与的网状结构；三是根据不同行业、不同阶层、不同群体的特点，以不同的载体，开展各种形式的活动；四是开展市民素质教育活动要与为市民办实事、办好事相结合，增强对群众的吸引力；五是报纸、广播、电视、网络等大众传播媒体要开设市民素质教育专题、专栏，刊播有关市民素质教育的文章和评论，做好对活动的动态报道。通过大力宣传，充分发挥活动中先进典型的示范和引导作用，推动市民素质教育活动广泛深入开展。

第三方面，以社会公正公平的体制与机制建设为重点，促进文明社会、和谐社会建设。在全面建成小康社会的进程中推进文明城市创建，就要按照科学发展观，建立健全城市利益分配的公正公平机制，缩小贫富差距，促进城市经济与社会协调发展，促进社会文明、社会和谐；第一，从市场经济和依法治国的理念出发，以"公正公平"作为我国城市各级党政部门和社会团体的重要旗帜，为促进城市文明、构建和谐社会营造公正公平的法治环境；第二，建立有助于社会公正公平的法律制度体系，为推进城市文明、构建和谐社会营造规范守信的市场环境。

全国文明城市测评体系

自2005年以来，中央文明委每三年评选表彰一届全国文明城市。经过多年实践，全国文明城市评选形成了一套科学规范、标准严格、实用有效的评选制度和评选办法，确保评选结果经得起群众和实践检验。在三年创建周期内，由各省、自治区、直辖市择优推荐一批全国文明城市提名城市、城区，中央文明办每年对提名城市、城区组织第三方测评，以三年测评加权平均成绩作为评选新一届全国文明城市、城区的基本依据。根据城市类型和工作实际，全国文明城市评选分为省会（首府）和副省级城市、直辖市城区、地级市、县级市和县4个组别，中央文明办分组别进行测评排名，从每个组别中择优选取新一届全国文明城市、城区。

1.2.1 申报条件

第一，获得并保持"全国创建文明城市工作先进城市"荣誉称号；

第二，申报前连续两年人均GDP高于全国平均水平；

第三，申报前12个月内市委、市政府主要领导无严重违纪、违法犯罪；

第四，申报前12个月内未发生有全国影响的重大安全事故、重大刑事案件；

第五，申报前完成国务院下发的节能减排任务；

第六，未发生非法出版、制黄贩黄、侵权盗版的恶性事件。

1.2.2 评选标准

第一，组织领导坚强有力，创建工作机制健全；

第二，思想教育深入细致，道德建设扎实有效；

第三，创建活动蓬勃开展，人民群众广泛参与；

第四，党政机关廉洁高效，社会风气健康向上；

第五，科教文卫体稳步发展，社会事业全面进步；

第六，社会治安良好，社会秩序井然；

第七，基础设施较为完善，生态环境优良；

第八，经济持续快速健康发展，居民生活水平稳步提高。

1.2.3 考评方式

创建全国文明城市必须先获得提名资格（省级文明城市的优胜者），才能参与全国考核测评。全国文明城市分为省会（首府）和副省级城市、直辖市城区、地级市、县级市和县，每三年评选表彰一次，实行届期制。

全国文明城市主要依据《全国文明城市（地级以上）测评体系》和《全国未成年人思想道德建设工作测评体系》进行测评优选，并将未成年人思想道德建设工作评价作为申报全国文明城市的前置条件。将测评结果单独排序，按满分为100分计算，得分低于85分的，不能参与全国文明城市申报，同时，该项得分按20%的比例计入全国文明城市总得分。

为实现《全国文明城市（地级以上）测评体系》的综合测评功能，使测评结果客观、公正和有效，《全国文明城市（地级以上）测评体系》的操作方法兼具系统性和科学性。测评主体根据测评内容的性质及计量特征，采用"听""阅""看""问""览"等不同的手段和方法采集量化的数据，这些手段和方法形成系统、多维、互补的方法体系，进而实现《全国文明城市（地级以上）测评体系》对文明城市的综合测量功能。

全国文明城市的测评优选主要采用听取汇报、材料审核、实地考察、问卷调查、网络调查、整体观察六种方法。听取汇报，是采用"听"汇报的方式检查主要部门例行工作的开展情况；材料审核，是采用"阅"材料的方式来评价社会事实；实地考察，是通过"看"现场的方式来评价社会现象与社会事实的性质与现状；问卷调查、网络调查，是通过"问"市民的方式来判断市民对政府工作和社会主导价值的认知和认同情况；整体观察，是通过"览"城市的方式来综合评判城市的整体形象。这六种方法的互补交织大大提升了测评的信度与效度。

其中全国文明城市创建工作的难点是实地考察。全国文明城市实地考察方法具体有三种：一是实景（情）模拟验证，如拨打法律服务热线、拨打维权举报电话等；二是实地调查，即进入现场查证被考察对象是否符合测评标准，如到社区查看相关工作记录等；三是实地观察，即根据实地观察要求，在实地考察点、在一定时间内，对被考察对象进行实地观察。

自2021年起，全国文明城市考评方式发生了一些改变，中央文明办将每年对所有全国文明城市开展测评，实地测评工作由以往的集中考核改为不通知、不定期、多批次考核，材料申报时间改为实地测评后。

1.2.4 测评体系

为客观评价创建文明城市工作成效，中央文明委颁布《全国文明城市（地级以上）测评体系》，作为评选全国文明城市的主要依据。为突出文明城市创建的高标准、严要求，确保全国文明城市的美誉度、公信力，中央文明委颁布《全国文明城市创建动态管理措施（负面清单）》，从党风廉政建设、安全生产、社会治安、生态环境保护、诚信建设、创建工作机制等方面确定具体负面清单项目，针对不同性质的问题从轻到重分别实施罚扣测评分数、通报批评、停止全国文明城市资格一年、取消提名城市参评资格、取消"全国文明城市"荣誉称号等惩戒办法,划定创建文明城市工作的"底线"和"红线"。建立这种"有进有出"的动态管理机制,有力地督促了全国文明城市和提名城市巩固创建成果、提升创建水平,确保了文明城市创建的质量和水平

1.2.4.1　2005年版《全国文明城市测评体系(试行)》

2005年版中央文明委制定颁发的《全国文明城市测评体系(试行)》结构包括"基本指标"和"特色指标"两大部分。"基本指标"和"特色指标"总计分值有120分。

基本指标:反映文明城市创建的基本情况,设置了廉洁高效的政务环境、公平公正的法治环境、规范守信的市场环境、健康向上的人文环境、安居乐业的生活环境、可持续发展的生态环境、扎实有效的创建活动等7个方面的测评项目、37条测评指标、119项具体内容,分值为100分。针对东西部城市发展不平衡的实际情况,"基本指标"中设置了5项调节性测评内容用于对西部城市的测评。

特色指标:反映城市精神文明创建工作特色、城市整体形象、城市获得重要荣誉的情况,共有4个子项,分值为20分。同样对每项测评内容都提出了具体的测评标准、测评方式和分值。而且根据城市规模和行政设置的不同,分别对省会和副省级城市、直辖市城区、地级市、县级市和县等提出了不同的测评标准。

1.2.4.2　2021年版《全国文明城市(地级以上)测评体系》

为了给评选表彰的全国文明城市提供科学的考核标准和评判依据,中央文明办专门制定下发《全国文明城市测评体系操作手册》并逐年进行修订完善。

中央文明办颁布的2021年新版《全国文明城市(地级以上)测评体系》(以下简称《测评体系》),多维度对全国文明城市评选提出了更高的要求。与2018年版相比较,复查测评方式发生转变,测评项目数量有所精减,但内容更加完善,其中有近70条测评标准进一步细化丰满。

2021年版的《测评体系》复查测评方式发生转变。从2021年起,

在三年创建周期内，前两年中央文明委不再委托各省、自治区、直辖市文明委对全国文明城市（区）进行年度测评，而是将每年直接对全国文明城市（区）进行复查测评，根据测评成绩确定是否继续保留全国文明城市（区）资格。

2021年版的《测评体系》测评项目精简，由9个测评项目、72项测评内容、140条测评标准构成。其中，9大项测评项目简称为"八大环境一项活动"，包括廉洁高效的政务环境、公平正义的法治环境、诚信守法的市场环境、健康向上的人文环境、和谐宜居的生活环境、安全稳定的社会环境、有利于可持续发展的生态环境、促进青少年健康成长的社会文化环境、扎实有效的创建活动。

2021年版的《测评体系》在原有测评指标上增加了新内容：强化公共文明引导、推动文明实践开展、扩大公益性岗位安置、开展诚信缺失突出问题专项治理、加强智慧城市建设等。测评内容也进一步完善，在原有测评内容的基础上增加了新要求。如：在抓好党员干部理论武装中，增加了"要抓好《习近平谈治国理政》《习近平新时代中国特色社会主义思想学习纲要》等的学习，在党员干部中开展党史学习教育，用习近平新时代中国特色社会主义思想武装全党、教育人民、指导实践"；在落实意识形态工作责任制中，增加了"党委要加强对所属各类意识形态阵地的管理，健全各项制度，加强监测预警和应对处置，筑牢意识形态安全屏障"；在提高文明交通素质中，增加了"实行电动自行车登记上牌管理，电动自行车驾乘人员佩戴安全头盔"；在开展志愿服务活动中，增加了"在全市范围内开展时间3年以上的志愿服务品牌项目数量≥3个"；在基层文化设施中，增加了"街道（乡镇）综合文化站、社区（行政村）综合文化服务中心与新时代文明实践所、站协同推进"等。

同时，测评标准也进一步提高，主要表现在2021年版的《测评体系》中相关数值的变化。要求建成区未发生一次死亡3人以上的较大道路交通事故（原体系为5人），建成区绿地率≥36%（原体系为35%），群众对本市诚信建设的满意度≥90%（原体系为85%），人均体育场地面积≥2.3平方米（原体系为1.8平方米），城市市辖区水质优良（达到或优于Ⅲ类）率达到85%（原体系为70%），建成区公共卫生间设置密度≥4座/千米^2（原体系为每隔500米至少能看到1处公共卫生间的指示牌），创城群众满意度>95%（原体系为90%），等等。

测评内容的完善、标准的提高，对全国文明城市创建提出了更高的要求，也必将推动城市向更高水平、更高质量发展，实现市民文明素质和社会文明程度持续提升。

2021年版的《测评体系》中的测评数据采取网上申报、实地考察、问卷调查三种方式采集，也就是通常说的三种测评方法，总分按照100分制，其中网上申报40分、实地考察40分、问卷调查20分。《测评体系》设附件《全国文明城市创建动态管理措施（负面清单）》，对出现负面清单所列问题的城市，视情节严重程度采取罚扣测评分数、停止提名资格、停止全国文明城市资格1年、取消"全国文明城市"荣誉称号的惩戒办法。

网上申报部分：《全国文明城市（地级以上）测评体系操作手册》规定的需进行网上申报的指标均由参评城市通过中央文明办开设的"精神文明创建管理平台"进行网上报送。网上报送材料的格式包括图片资料、正式发文、部门评价、说明报告、数据表格。图片资料包括现场照片、样报图片、电视截屏、网络截图（含手机截图），图片要求在"精神文明创建管理平台"上统一发布。正式发文，是指提供对这项工作进行安排部署的相关正式发文，并将相关工作情况在文件中做出标注，不需要专门发文。部门评价是指省（区）行业主管部门对参评城市相关测评指标落实情况提出的评价意见，经省（区）文明办统一组织征求意见后，由参评城市通过"精神文明创建管理平台"上报。说明报告是文字说明（按照一定字数要求），不需要单位落款和加盖公章。数据表格由各地从"精神文明创建管理平台"下载模板进行填写，加盖市级相关主管部门公章，扫描制作成图片格式文件上传。

实地考察部分：根据2021年版《测评体系》《全国未成年人思想道德建设工作测评体系》等文件中关于实地考察的测评要求、测评指标，文明城市实地考察就是通过现场考察采集资料，重点关注这些资料所传递出的社会意义。在文明城市实地考察中应及时跟踪考察对象的变化，客观地反映社会现状，并统一以描述状态的标准化形式来表示，从而使抽象的内容具体化、数量化。在文明城市实地考察中，由于考察对象类型不一致，考察规模庞大且分散，因此，多采用概率统计中统计推断的方法，随机抽取小规模样本，制定统一的、标准化的操作程序。文明城市实地考察以暗访的形式为主，这样可以大大节省人力、物力、财力及时间，同时达到实地考察预期效果的最大化。

问卷调查部分：问卷调查一般采用直接询问、网上调查等方式，是依据调查的目的设计调查问卷，经过被调查对象作答进行统计分析得出结论的一种调查研究方法。《测评体系》的问卷调查是对民意的一种调查，通过问卷设计的问题了解公众对于当前社会热点问题的感受、欲望、倾向、评价、态度和思想观念，以此了解民心、民意及其发展趋势，从而为政府的发展战略提供参考依据。《测评体系》的调查问卷与《测评体系》中的测评指标是相对应的，严格按照指标要求设计问卷。《测评体系》的问卷调查采取委托调查、入户调查（居民户、场所和街头随访、访谈单位）、网络调查三种方式进行。在问卷调查后，各地、各责任单位应根据工作职能范围，定期有序宣传，阐释责任指标所涉及工作的进展，积极回应民情民意，有效提升群众对该项工作的知晓率、参与率、支持率，切实增强问卷调查工作整体质效。

第 2 章　苏州市：合纵连横，打造文明创建协同治理新格局

作为中国历史文化名城之一，苏州拥有悠久的历史和丰富的文化遗产，自古以来就注重文明礼仪，崇尚道德伦理，形成了独特的文化氛围。从80万把笤帚"扫"出国家卫生城市到文明城市连续夺冠，这仅是苏州文明城市创建精彩历程的冰山一角。改革开放以来，经过持续努力和不懈探索，苏州逐步构建起一个文明城市创建工作样本，并形成了具有自身特点的精神文明建设经验。

1994年，苏州张家港市率先喊出了创建"全国文明城市"的口号，以环境卫生整治为突破口，掀起了一场全城行动、全民参与的"扫帚行动"。1995年，全国精神文明建设经验交流会在张家港市召开。自此后，苏州和其所辖县市的"创文"脚步从未停歇，在全国范围内争先创优，取得了累累硕果。1999年，苏州被评为首批"全国创建文明城市工作先进城市"。2002年，苏州和其所辖县市均获评"全国创建文明城市工作先进城市"。全国文明城市评比工作开始后，张家港市、苏州市先后于2005年、2008年摘得"全国文明城市"桂冠，成为新时代精神文明建设领跑者，后连续六届均未缺席。特别在2020年第六届全国文明城市评比中，苏州及其下辖的4个县市均荣膺"全国文明城市"称号，创成全国文明城市群，实现了全域化文明创建的目标，迈上了社会文明程度高的新台阶。

近年来，在创建全国文明城市过程中，苏州贯彻长效常态的管理思想，因时制宜不断创新工作方法。先后发布了《苏州市提高市民文

明素质行动计划》《关于进一步深化城市管理系统文明城市创建长效管理工作的实施意见》等多项文件，为文明创建工作提供制度与体制的支持。自2019年起，苏州市文明办联合各部门、邀请苏州大学社会公共文明研究所等专家学者在充分的民意调研基础上推动了《苏州市文明行为促进条例》的出台，为苏州市精神文明建设工作提供法律保障。

此外，苏州市修订完善或制定出台的《苏州市文明行业管理规定》《苏州市文明单位管理规定》《苏州市文明村镇管理规定》《苏州市文明社区管理规定》及与其相应的"测评标准"，又进一步健全了公共文明建设方面的制度体系，对各部门、各行业、各单位的精神文明建设工作提出了纲领性的要求，为文明创建协同治理的局面奠定了基石。

2.1 协同治理机制日益成熟，城市治理水平稳步提升

苏州市政府一直以来都在尝试践行文明城市创建协同治理的管理模式（图2.1）。在全国文明城市创建活动标准要求相对统一而城市不同主体的目标与诉求各有不同的情况下，如何化各自为政为同心协力、化重眼前为重长远、化低效冗余为高效有序，是苏州市政府一直在不停探索的内容。

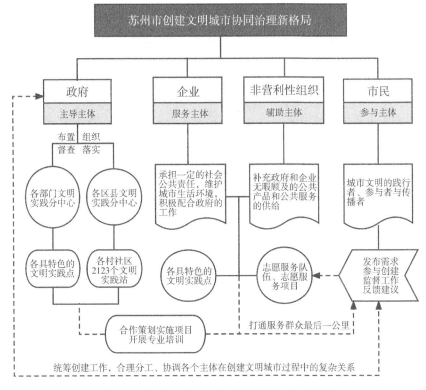

图 2.1　苏州市创建文明城市协同治理新格局

2.1.1　政府主导，统筹创建工作，提升治理水平

在政府管理结构上，文明城市创建涉及城市政府、各类职能部门、区政府、乡镇街道、村/社区、网格等，由上至下，层层相扣。苏州市成立了创建全国文明城市指挥部，由市委书记和市长担任总指挥，市委宣传部部长、副市长等担任副总指挥，并由各成员单位协同参与文明城市创建工作。市委书记、市长定期以"四不两直"形式督查文明创建。文明办作为指挥办公室，既做到守土有责、落实在前，又发挥了统筹协调作用，结合苏州市精神文明建设指导委员会（以下简称"市文明委"）年度工作要点，运用好联席会商制度，履行好督查考核职能，确保各项工作一体推进。各项工作任务均由牵头单位、各地文明办、责任单位有序执行。牵头单位强化目标导向，第一时间制订实施方案、倒排

项目工期,把重点任务有机融入部门本职工作特别是民生实事工程,做好本条线自上而下的宣贯指导。各地文明办、各责任单位做到职责上分、目标上合,在守好"一亩三分地"的同时,也主动把做的事情和主题实践活动结合起来,借势借力推进工作,真正形成全市范围内"上下贯通、左右协同、内外联动"的工作格局,确保各项任务全面有力推进。

在工作机制上,苏州市不断完善并创新各类文明创建工作机制,促进创建工作常态长效。工作组织机制、第三方评价机制、集中督查机制、重点协调机制、社情民意快速办理机制、社会宣传机制、绩效考核机制、人财物保障等机制在实践中不断进步。大部分党政群组织把创建工作纳入重要议事日程,摆到突出位置,坚持创建工作与中心工作融为一体,本着"创建为民、创建惠民"的原则,积极为群众办实事、解难事、做好事,形成创建工作常态化、制度化。条块配合初步加强、联动机制已见雏形,工作中的弱点和盲点得到有效解决。长效推进的工作举措层出不穷,创建工作向规范、有序、高效发展。

2.1.2 企业服务,发挥社会责任,激发文明实践潜能

企业是经济领域的主导者,在一定程度上,企业的状况决定着地方发展的速度乃至城市的兴衰。毋庸置疑,文明城市的创建需要企业的参与,需要企业以服务性的角色配合政府的创建要求。企业参与文明城市创建的过程实质上是企业承担社会公共责任的过程。苏州市建立了对企事业单位参与文明城市创建、社区共建共治,支持服务新时代文明实践点建设,助力脱贫攻坚、巩固脱贫成果,落实就业政策等共建工作的考核机制,共建情况指标作为参评文明单位的敲门砖。

在企业的文明引导机制上,全市实行文明单位积分制动态管理机制,通过文明单位积分制动态管理平台(图2.2),推动文明单位管理,真正落实"创在日常、严在经常"。2021年,苏州市有近500家省级以上文明单位实现在线动态管理,为企业文明创建工作提供了良好的指导

平台，进一步完善了文明单位激励引导机制，充分激发了企业的创建热情，创造了良好的社会效益。

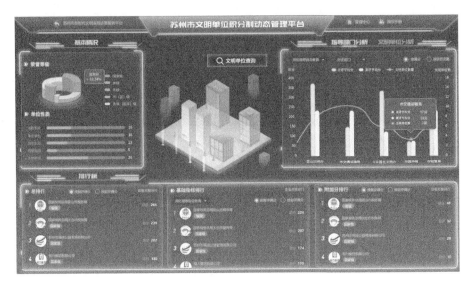

图 2.2　苏州市文明单位积分制动态管理平台页面

在企业文明实践的平台资源上，苏州市全面提升统筹协调、资源整合、综合保障、专业指导与技术支撑等服务功能。全面整合行业优质资源，下沉基层深入开展文明实践志愿服务活动，发挥各类机关和企事业单位资源优势，成立行业新时代文明实践志愿服务队，引导全行业干部职工投身于文明实践志愿服务活动。组织党员干部带头开展志愿服务，引导更多专业队伍提供优质服务，动员群众就近就便参与志愿服务，激发全社会的文明实践潜能。此外，还启动了苏州市文明单位"常青树"项目。该项目将全方位发挥文明单位的示范引领作用，推进各级各类文明单位"敢为、敢闯、敢干、敢首创"，不断夯实文明创建细胞工程。

2.1.3　非营利组织，推动文明实践纵深发展

非营利组织指不以营利为目的的组织，它的目标通常是支持或处理个人关心或者公众关注的议题或事件。创建文明城市，非营利组织

必然是一方重要力量。为实现苏州市文明城市创建的长效化,苏州市文明办委托苏州大学组建了"苏州大学社会公共文明研究所(苏州市社会公共文明研究所)"。研究所通过开展苏州社会公共文明调查、测评、研究等相关工作,客观反映文明城市建设水平,大力推进《苏州市提高市民文明素质行动计划》的贯彻落实,促进城市公共管理更为科学、市民更有素养、社会更加和谐。苏州大学社会公共文明研究所可谓苏州文明城市创建中的特色,以非营利组织的性质推动创建工作的蓬勃开展。

在创建过程中,苏州市还持续推动项目化开展城乡志愿服务,积极培育各类志愿组织,建设各具特色的新时代文明实践点。截至2023年年初,全市共有注册志愿者291.46万名、注册志愿服务团队30052支,累计开展志愿服务活动近500万场次,共认定星级志愿者74.45万人。广泛选树学雷锋先进典型,22人(项)获评全国学雷锋先进典型,207人(项)获评省级以上学雷锋先进典型,数量居全省前列,推出市级学雷锋先进典型超632人(项),形成了先进典型数量多、覆盖面广的良好局面。(图2.3、图2.4)

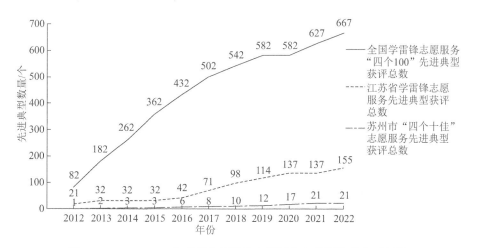

图 2.3　2012—2022 年苏州市学雷锋志愿服务各类别先进典型数量

图 2.4 苏州市新时代文明实践志愿服务平台

数字化手段也为非营利组织的文明实践工作提供了有力保障。近年来，苏州市文明办、苏州市志愿者总会进一步升级了苏州市新时代文明实践志愿服务平台。通过全流程的动态管理，进一步提升项目的精准性和持续性；通过开发"需求大厅""资源共享"两项特色功能，畅通供需信息渠道，实现供需信息对接，完善"供单、点单、派单、接单、评单"五单式精准服务群众流程，推动市级优质资源机制化下沉，实现各类资源跨界流动和高效整合；通过增设文明实践中心和行业分中心功能，把各地参与新时代文明实践中心建设相关部门全部纳入，提升各地各单位文明实践志愿服务工作的精准度与便捷度；通过新增示范引领和文明实践排行榜功能，展示具有引领性、精准性、持续性和成长性的重点项目，展示优秀志愿团队和文明实践站长发展轨迹，实现在线互学互补；通过志愿课堂与嘉许奖励功能，拓宽各地文明实践志愿服务工作的社会回馈渠道，增强各地文明实践志愿服务的荣誉感和获得感。

2.1.4 市民参与，创造良性互动，激发创建活力

政府在进行文明城市创建活动过程中应始终围绕人民的需要，创建成果应由人民共享。充分重视社会公众的利益表达、实现政府与社会公

众的良性互动是文明城市建设得以不断深入开展的活力之源。苏州市政府通过丰富形式、贴近群众，以积分落户相关政策（表2.1）为激励手段，以主动摸排群众需求为提升点，创新多项举措拓宽市民参与渠道，激发市民参与活力。如推出"文明随手拍"3.0版本、"文明曝光台"等平台，及时曝光各类问题，充分发挥群众的"啄木鸟"作用，激发群众的主人翁意识，形成全民参与的浓厚创建氛围。

表 2.1　苏州市区积分落户计分标准及分值表（部分）

类别	序号	指标	项目及分值	责任单位	备注
附加分	10	社会贡献	在苏州市区参加志愿服务组织，并被认定为一至五星级志愿者的，每个星级加5分；只计最高星级分，不累计加分	苏州市文明办	近5年内
			在苏州市参加无偿献血，累计每捐献全血200毫升或血小板0.5个治疗量加5分	苏州市卫生健康委员会	累计不超过50分
			在苏州市成功捐献造血干细胞的加100分		
			在苏州市实现遗体（或者器官、角膜）捐献者，其直系亲属加80分（仅限一人申请）	苏州市红十字会	
			个人在苏州市区捐赠每满2000元加5分	苏州市民政局	累计不超过30分；接受捐赠的单位必须是使用财政捐赠票据的基金会、红十字会、社会团体、社会服务机构或者社会福利机构
			在苏州市区有见义勇为行为的，以苏州市见义勇为基金会发布的决定为准，奖励每满200元，加5分	苏州市见义勇为基金会	累计不超过100分

　　文明已日渐成为苏州的鲜明底色，但在日常生活中，仍存在一些不文明现象，比如楼道乱堆乱放、道路违章停车等。为加强教育引导、倡

导文明风尚,特别是为了动员市民群众一起参与到美好家园的建设中来,苏州市文明办联合苏州市便民服务中心等部门,于2021年上线了"文明随手拍",作为市民发现和解决身边问题的群众性平台。此外,市民也可以分享身边的文明瞬间,营造共建共享美好家园的浓厚氛围。例如,2022年9月17日19时许,市民在横塘驿站附近的健身步道散步时,发现一盏石制路灯疑似遭人损坏倒伏,随即通过"文明随手拍"完成了拍摄上传。次日13时35分,苏州市水务局便民服务员在"寒山闻钟"论坛上关注到了这一问题,并在1小时内,由苏州市水利工程建设处完成了对该处受损设施的修复(图2.5)。收到部门回复后,该网友表示,感谢相关部门的快速解决为老百姓提供便利,同时希望大家都能遵纪守法,保护公共设施。

图2.5 "文明随手拍"平台上展示的受损设施修复前后对比图
(左图为市民上报的问题,右图为次日整改后状况)

除了鼓励市民积极参与文明实践活动、反馈社会不文明现象外,苏州市各级政府主动作为,健全"群众点单—分中心(站)派单—志愿者接单—群众评单"的服务机制,精准发掘、排摸百姓需求,真正让新时代文明实践接地气、有生气,为居民群众解需求、增幸福。

2023年2月,江陵街道新港社区新时代文明实践站联合长安实验小学在吴江运河古纤道共同开展"品味运河古纤道,赓续红色践文明"主题活动。活动中,长安实验小学的少先队员们在社区党员志愿者的带领下,一边漫步古纤道,一边认真聆听大运河的"前世今生"。"通过志愿者叔叔的讲解，我更深入地了解了古人的智慧，也感受到了江南水乡文化的魅力。"长安实验小学陈同学说。本次活动正是陈同学的妈妈"点单"来的。"在前期需求摸排中，我们了解到部分家长因工作繁忙，没时间带孩子外出玩耍，就希望社区能开展一些针对少年儿童的新时代文明实践活动。因此，我们决定带孩子来运河古纤道开展活动。"新港社区新时代文明实践站相关负责人说。

平望镇金联村举办了"发光的火箭"科普教育实践活动，吸引了村里许多小朋友参加活动。活动上，在专业老师的指导下，小朋友们通过电源、导线、开关、灯泡搭建了电路。随着灯泡亮起，小朋友们的脸上也露出了灿烂的笑容。"我们的灯很快就亮了，这点小事难不倒我们。"小朋友们说。金联村新时代文明实践站相关负责人表示，接下来，金联村将进一步关注未成年人成长成才，举办更多有特色的科普活动，更好地满足当地群众的文化教育需求。

目前，类似这样的需求摸排行动已基本覆盖全市各板块，收集和梳理居民的不同诉求，有利于加快形成新时代文明实践志愿服务"定制套餐"，真正让新时代文明实践志愿服务符合群众"口味"。

2.2 联动行业"互创"，精神文明创建扩量增质

自 2018 年 7 月 6 日习近平总书记主持召开的中央全面深化改革委员会第三次会议把建设新时代文明实践中心试点工作纳入全面深化改革的重要议程以来，苏州市深刻认识到建设新时代文明实践中心，既是党中央、江苏省委提出的明确工作要求，也是做好苏州精神文明工作的必由之路。在这一背景下，苏州市以高标准严格要求自己，力争通过新时代文明实践中心的建设使苏州市的精神文明工作走在全省全国前列，促进苏州勇当"两个标杆"，争当建设"强富美高"新江苏先行军排头兵。构建了全面覆盖的新时代文明实践中心工作组织体系，包含"中心、所、站、基地（点）"四级纵轴组织架构。推动志愿者队伍建设，在县

级市、区组建新时代文明实践志愿服务总队，镇（街道）、村（社区）分别组建文明实践志愿服务支队。经历几年的探索与发展，苏州市新时代文明实践中心建设工作取得了阶段性成效。它的建设夯实了城市文明基础，满足了群众精神文化需求，提升了乡村治理水平，创新了文明创建方式，塑造了有特色的实践中心品牌。

面对初步探索的成功，苏州市戒骄戒躁，奋斗不止，又于近两年创新提出了"行业文明实践"新概念，从整合资源和丰富内容供给出发，积极动员各行业各部门发挥优势作用，主动融入新时代文明实践中心建设工作，试点建设行业新时代文明实践分中心建设。自2021年以来，苏州市认真贯彻落实中央关于新时代文明实践中心建设决策部署，在实现城乡中心、所、站工作网络全覆盖的基础上，创新探索行业新时代文明实践工作，通过构建行业文明实践枢纽阵地，开展行业志愿服务活动，引导行业部门统筹资源，服务基层。截至2023年4月，已先后建成住建、交通、园林绿化、应急管理、民政、司法、城管、文化旅游、体育、卫生、科技、水务、教育、退役军人、国资等15家市级行业分中心，并加强与各县（市、区）新时代文明实践中心（所、站）的结对共建（图2.6）。

图2.6 苏州市行业新时代文明实践中心

随着行业文明实践的不断深化，历经"中心、所、站、基地（点）"四级纵轴组织架构和行业文明实践中心的发展，苏州市新时代文明创建工作"双棋盘"结构正式形成。这是对2500多年以来苏州市古城区依然保留的具有鲜明苏州特色的"河街相邻、水陆并行"棋盘式格局的相互呼应。苏州市以历史映照当下，通过覆盖城乡的"十百千"三级网络和行业三级网络（市级指导中心+行业分中心+特色行业实践点）并行，形成条块结合的文明创建"双棋盘"布局（图2.7）。以"苏州市新时代文明实践指导中心"为枢纽，通过各行业分中心与各县（市、区）、镇（街道）、村（社区）深入开展合作，资源共享、阵地共建、队伍共育、服务共联，不断为文明培育、文明实践、文明创建丰富内容。（图2.8）

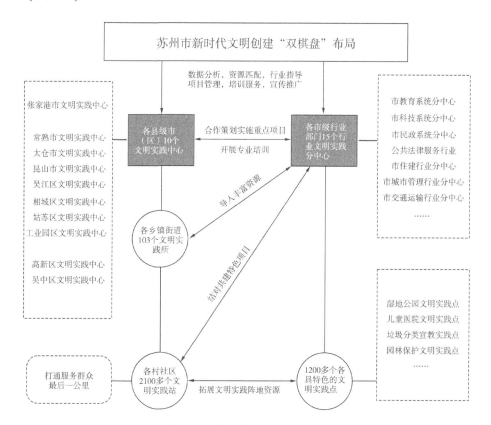

图2.7 苏州市新时代文明创建"双棋盘"布局思路

图 2.8 苏州市城市管理行业新时代文明实践工作机制

随着新时代文明创建"双棋盘"格局的蓝图显现,更为细化的工作机制与系统化任务也得到构建。

2023 年,苏州市发布了《"文明润万家 苏州更美好"主题实践活动推进方案》,通过 9 项行动集中力量有针对性地解决城市管理中存在的难点问题,持续提升城市品质、城市风貌和社会文明程度,有效地把文明创建工作与社会治理紧密结合起来,解决突出民生问题、提升百姓生活水平。该推进方案是一项系统性工程,除了市本级发布文件外,苏州市还引导各级政府、各级部门根据单位实际职能,进一步细化并创新二级推进方案。例如,苏州市城市管理局出台了《关于城市管理行业推进新时代文明实践工作的实施意见》(苏城发〔2022〕36 号),有序地推动工作落实落细,通过建立工作联席会议制度、建立业务服务融合制度、建立分中心和实践点联动制度等多项工作,深入开展城市管理行业新时代文明实践工作。

自此,协同治理的新局面在苏州彻底拉开。"见缝插绿""口袋公园",实现了"推窗可见绿,抬脚即进园",是园林等部门的新作;高颜值的农贸市场里,充盈着人间最暖的烟火气,是各级政府与城管、市监等部门共同维护的成果;大街小巷,到处能看到志愿者的身影,学雷锋活动开展得如火如荼,少不了各乡镇(街道)、村(社区)的用心付出。协同治理体制与机制的初尝试,促成了桩桩件件的文明创建新成果。市文明委各成员单位因地制宜建设行业分中心，广泛开展文明实践志愿服务，延伸服务触角，扩大服务内涵，提升行业精神文明建设水平。

2.3 强化技术赋能，谱好新时代文明创建"协奏曲"

为了激发各行各业的文明实践"潜能"，保证文明建设工作在面广量大的情况下有序高效，苏州市各级政府及行业单位强化技术赋能，创新运用各种互联网工具及平台资源，创新优化宣传方式，刺激各文明主体"敢为、敢闯、敢干、敢首创"，加强基层建设，涵育优秀文化，体现社会责任，展示良好形象，搭建更多促进工作、展示交流、互学互鉴的平台。

苏州市文明办创新以技术赋能提效文明创建工作，通过各类数字化手段发掘需求解决问题。一是"动态管理"固本行动，聚焦建立动态积分长效机制，优化文明单位积分制动态管理系统，以"一张图+一句话"的形式推进日常记录和科学管理。二是"文明实践"聚力行动，聚焦建立志愿服务融合机制，放大现有15家行业新时代文明实践分中心引领作用，引导文明单位建立新时代文明实践点，聚合资源常态化开展特色志愿服务活动。三是"风采巡礼"塑型行动，聚焦建立标杆单位展示机制，综合运用市属媒体、"文明苏州"微信公众号、文明单位积分制动态管理系统等平台，全方位、多形式展现各类文明单位的独特风采。四是"成长同行"强基行动，聚焦建立政策辅助优惠机制，探索推动在审批、资质评定、行业评选等事项中，同等条件下优先给予文明单位政策支持，邀请文明单位代表参与新春团拜会等全市性重大活动，充分激发各单位创建工作的主观能动性。五是"文明随手拍""啄木鸟行动"等民意反馈平台进一步升级，鼓励广大志愿者和人民群众发扬"城市主人翁"精神，广泛参与精神文明建设，自觉担任创建工作的监督员。

结合智慧城市建设、围绕社会治理手段创新，公安、城管、交通、住建等相关部门或行业也利用其自身的管理资源和管理数据，探索打造文明城市数字化管理集成平台，实现了文明城市建设的便捷化、智能化、精准化。

例如，苏州市公安局立足道路通车里程、交通流量、监管企业数量等要素，按照每个网格约 5 平方千米的划分原则，因地制宜精准细化 395 个网格，每个网格实行"1+3+N"力量配置，即 1 个网格长，3 个公安网格员和 N 个城管、志愿者、保安等社会力量，形成具有战斗力的"最小作战单元"。苏州市坚持从基层治理谋突破，以街道、乡镇为单元，以社会综治网为基础，在市区大力推行层级式网格化管理模式，将文明交通的理念根植到广大市民心间。

再比如，位于苏州市公安局姑苏分局交警大队的"姑苏安全驾驶舱"结合外卖行业特点，深入讲解典型交通事故案例的发生原因及后果，切实增强骑手们的交通安全意识。姑苏区外卖体量较大，每天的外卖单量可以达到 50 万单，这就意味着每天都有上万名骑手在路上奔波。而争分夺秒的配送时间限制也让他们不由得加快了骑行速度，并且有时为了节省时间而"另辟蹊径"，无形之中为城市道路安全带来了隐患。为了解决这一痛点，苏州市公安局姑苏分局交警大队采取了开展道路安全培训考试、制定相应奖惩等措施。与此同时，交警部门也邀请骑手们参与交通执勤，设身处地深入理解交通安全的重要性。在与快递、外卖行业长期互动的基础上，2021 年上半年，苏州市公安局姑苏分局交警大队还在苏州市公安局交通管理局的指导下拍摄了交警、外卖小哥身份互换的系列视频，并在"苏州交警"官方抖音播出，该系列视频突破了一千多万的播放量，取得了良好的宣传教育效果。

苏州市市场监督管理局也利用技术赋能，通过打造协同平台为文明实践实效提升探索新保障。一是以"线上网店+线下品牌"双线并行激发企业社会责任，倡导勤俭节约新风：线上推出"苏州慈善超市"小程序，吸引企业入驻，销售、赠予各类余量食品，线下联合"肯德基"等品牌，推动设立一批余量食物共享驿站，在营造勤俭节约社会氛围的同时也传递了社会关爱。二是积极利用新概念推动行业自治,引导生产经营主体、行业协会、商会等推出"光盘打卡""VR 体验券"等活动,积极探索制止浪费与促进消费共赢的商业模式。这两项重点工作成效显著。例如,苏州工业园区很多商业载体就以食品安全工作站为依托,开展丰富多彩的主题活动:永旺梦乐城开展"绿色生活节"活动,消费者自带杯子在饮品店消费或在大中型餐饮单位就餐参加"光盘行动"打卡的,可以免费领取商场购物袋。时尚舞台开展"厉行节俭低碳生活"活动,在公共区域及餐饮店铺全部增加制止餐饮浪费相关的宣传物料和标识,营造宣传氛围(图 2.9),并在日常员工开会和到店巡场过程中强调、督促对"制止餐饮浪费,坚持'光盘行动'"的落实情况。各部门、各行业单位百花竞优,创新了精神文明宣传新形式,为精神文明宣传的"协奏曲"谱写上重要一章。

图 2.9 "光盘行动"相关宣传物料

2.4 绩效评估民众本位化,多元监督提优文明创建

文明城市创建及文明实践活动的工作成效由谁检验、检验什么、怎么检验是关系到整个工作体系能否长效健康发展的重要议题。

在评估主体方面，苏州市将政府本位的绩效评估取向转为民众本位，从单一主体自上而下评估转为多元主体双向评估，从主观评估转为制度化、法制化评估。建立了领导责任、社会参与、检查考核、指数测评、核心价值内化等工作机制和文明城市创建长效机制，构建了由苏州市创建全国文明城市指挥部办公室（以下简称"市创建办"）牵头、委托第三方测评、职能部门巡查互评、基层单位自查自纠、新闻媒体监督、社会各界共同参与的工作格局。行政系统内部的单一监督问责容易滋生各种腐败、包庇等问题，必须建立信息公开制度、举报制度等配套监督制度，推动公共管理部门以外的个人和团体，例如企业、非营利组织、广大市民等，使其积极参与监督过程，并不断提高社会公众对相关法律法规及政府具体创建情况的认知，提高其问责能力，使他们逐渐成为监督政府创建行为、问责政府创建效果的有力组成部分。例如，苏州市沧浪街道创新运用"1334"工作法形成整体合力。即通过"一个工作专班"，统筹公安、城管、市监和环卫等创建力量，发挥党员、志愿者和社会组织"三方作用"，紧盯市场秩序、街巷环境、小区管理、静态指标"四个重点"，落实挂钩帮带、专班例会、动态研判、周周通报"四项机制"，高标准、高质量推进创建工作。同时，沧浪街道还针对市、区督导测评反馈的问题，举一反三建立了"专班日巡查""监督周通报""社区半月互查"等机制；又在网格巡查基础上，创新建立了"夜查+早巡"机制，填补了早晚时段动态管理的缺失。2023年上半年，沧浪街道通过周计划、周调度和周督查等方式形成问题清单300余份，立查立改各类问题5000余条。历年来，沧浪街道通过以多元评估为特色的长效创建工作方法，辖区内获评了5个省级文明单位、17个市级文明单位，其管辖的桂花社区获评首届"全国最美志愿服务社区"，辖区内精神文明建设水平常态化提升。

在评估机制方面，苏州市的绩效评估机制在民意的检验中逐步完善。例如，集中督查机制从一开始季度通报的工作模式，逐步优化为"每日巡查、月度分析、双月通报、季度点评、年度考核"，并以数字赋能文明创建，探索建立苏州市文明创建在线管理系统，不断提高文明城市建设日常巡查、问题分析、整改督办的效率和质量。苏州市创建全国文明城市指挥部每年从创建成员单位抽调人员，组成多个工作小组开展集中办公。组别包括市场环境组、社区环境组、街巷环境组、专项组等，每组均设置组长单位、副组长单位和成员单位，涉及众多政府职能部门和单位，实质上是分解了文明城市创建任务，各管一块，但又分工不分家，互通有无。同时，接受党委、政府领导，人大、政协的监督和视察，常态化开展文明城市测评工作，科学规范考核各地、各成员单位文明创建情况，及时向社会公众汇报情况，以促进文明创建工作常态长效。

在评估内容方面，苏州市统筹考虑并构建了政府创建文明城市的绩效评估理念、主题、指标、方法等多方面。苏州市创建办每年都会更新发布《全国文明城市测评体系操作手册责任分解表及负面清单》《苏州市精神文明建设行动计划》《全国文明城市建设重要时间节点工作任务》等指导性文件。这些文件是在中央、江苏省测评体系的基础上进行的细化分解，所有指标都进行了再加工，做到什么程度、有哪些流程、应达到什么标准，全部一一列明。同时，市创建办还将根据中央、江苏省的最新要求进行修订完善。每年相关文件发布后，各成员单位将立即学习领会，详细解读分析测评体系，结合本部门工作全面落实各自任务。市委、市政府将把指标完成落实情况纳入绩效考核，各板块文明创建成绩也将纳入各地高质量发展考核指标。苏州市创建各成员单位不断加强业务学习，精准掌握测评体系、操作手册的考核要求，聚焦公益宣传、环境卫生、公共秩序、基础设施、市民素质等方面的突出问题，有针对性地加大工作力度，确保创建工作在攻坚克难中不断取得新的进展和成效。考核以回应群众关切为核心，在老旧小区、背街小巷、农贸市场、城乡接合部等改造提升上下更大功夫，让广大群众在文明城市创建中有更多的获得感、幸福感、安全感。苏州市的文明城市创建活动绩效评估体系是一个多层次、全方位、相互作用的体系，其评估内容不仅涵盖各地各单位的绩效评估制度，还对各成员单位的创建政策、创建项目、创建预算等绩效评估项目做出了相应的考核。

在结果运用方面，苏州市形成了一套包括督查、整改、问责、考核、监督为一体的闭环工作机制。2020年，苏州市在原先绩效考核的基础上，推出文明创建乡镇街道"红黑榜"。通过组建集中督查专班进行集中督查与委托"苏州大学社会公共文明研究所"第三方评价的方式，全年共开展了2次第三方模拟暗访测评、8次集中督查。推动文明城市创建工作重心下移，对全市所有乡镇、街道实行常态化暗访测评、规范化考核排名、精准化整改提升，把文明城市创建工作指标作为全市各街道、乡镇社会治理的综合指标加以推进落实。当年度，第三方暗访测评对城区的31类点位开展了实地考察，涉及2612个实地考察点位，发现、整改各类问题12563项，对苏州市4个县市的26类点位开展了实地考察，涉及997个实地考察点位，发现、整改各类问题2225项。针对整改问题，各责任单位按照苏州市创建全国文明城市指挥部工作部署，认真查找本区、本部门存在的问题和薄弱环节，制订出各自的创建工作计划和方案，不断提高创建工作水平。对创建工作没有达标的项目，查清存在的主要问题，制订整改方案，落实长效措施。建立以《测评体系》为导向的督查考核机制，把指标要求作为推进工作的重要依据。除了考核惩罚外，苏州市文明办还建立了表彰奖励制度，定期对在创建工作中做出突出贡献的单位和个人予以表彰和奖励，鞭策后进。

除了市级单位自上而下的考核，苏州市多地成员单位还积极开展自查自纠、互助互评，强化整改闭环。城市生活瞬息万变，不文明现象时有发生，无论发现多少问题，如果不谈整改，绩效评估的次数再多也是无济于事。历经多年创建，很多单位从以初次测评问题作为得分依据，发展为将"整改率"作为考核排名的重要依据，督促各乡镇、各部门的工作人员要勇于担当，敢于碰硬，深入一线，及时整改发现的问题并举一反三。如汾湖高新区党政办印制《全国文明典范城市实地考察要求及责任分解表（口袋书）》，明确各部门、各单位职能边界，细化整改要求，协调城警联动"啄木鸟小分队"及"互查互评"督导员两支队伍开展常态化巡察整改，努力推动创建工作取得实效，常年整改率在99%及以上。此外，各地也严格将日常的创建实绩纳入目标管理，对经常被通报曝光的，取消有关责任单位和责任人的创建评先评优资格；逐步创造条件，将机关人员、企事业单位负责人在社会上文明素养的表现作为创建文明单位的一项重要内容加以考核。目前绝大多数单位建立了责任追究制度。对通报的问题，各乡镇及职能部门按时办结，及时报告销案，并对逾期不办理的予以通报批评。

文明城市创建是一项复杂的社会系统工程，它不是一朝一夕可以达成的，也不是一个人、一支队伍可以建成的，需要一支精练的、庞大的、高效的、高标准的组织系统持之以恒地向目标前进。创建工作离不开成员单位、共建单位的广泛支持，离不开公众参与的深度支持，离不开千千万万个网格员、志愿者、基层执法队员、物业服务人员的全力支撑。

第 3 章　苏州工业园区：践行企业社会责任，助力文明建设

3.1　苏州工业园区发展背景

1994 年 2 月，苏州工业园区经国务院批准设立，并于同年 5 月启动建设，是中国与新加坡两国政府间的重要合作项目。作为"中国改革开放的重要窗口"和"国际合作的成功范例"，工业园区已成为全国开放程度最高、发展质效最好、营商环境最优、创新活力最强的区域之一。

自 1994 年经国务院批准成立并实施启动以来，苏州工业园区经过近 30 年的发展建设，已经逐步形成了"2+3+1"特色产业体系，其中"2"为高端装备制造、新一代信息技术两大主导产业，"3"指人工智能、纳米技术应用、生物医药三大新兴产业，"1"指现代服务业（图3.1）。截至 2023 年 3 月，苏州工业园区已经引进培育了上万家科技创新型企业，累计吸引 5000 多个外资项目，实际利用外资 323 亿美元，92 家世界 500 强企业在工业园区投资了 156 个项目。这些企业在为工业园区带来引人注目的生产总值的同时，还在企业诚信经营、环保生产、慈善公益等方面，带来了新的管理理念和方式，为工业园区做好不同企业的精神文明工作指明了新的方向，也为工业园区城市文明建设工作的推进提供了有力抓手。

第 3 章
苏州工业园区：践行企业社会责任，助力文明建设

产业·介绍

"2+3+1" 特色产业体系 | "2+3+1" Industrial Layout

2 两大主导产业 2 Pillar Industries
新一代信息技术、高端装备制造

3 三大新兴产业 3 Emerging Industries
生物医药、纳米技术应用、人工智能

+1 现代服务业 Modern Service Industry

累计吸引外资项目 5000多个
实际利用外资 323亿美元
92家世界500强企业投资了156个项目
金融类机构1014家
引育上万家科技创新型企业

图 3.1　苏州工业园区产业介绍

3.2　苏州工业园区全国文明城市创建现状

　　苏州工业园区是苏州文明形象的重要窗口，多年来一直致力于提升区域内居民文明素质，提高社会文明程度，加强精神文明阵地建设，努力推进工业园区文明城市创建工作取得更高成就。苏州工业园区自2008年积极参与苏州市全国文明城市创建以来，一直紧扣新形势、新挑战，不断创新工作思路、开拓工作方法，持续攻坚克难，取得了一定的成效。

3.2.1　区域文明创建成绩

　　自2008年以来，苏州工业园区积极参与苏州市创建全国文明城市的工作，并一直坚持"创建为民、创建惠民、创建利民"的宗旨，努力打造和谐、美丽、宜居的"文明园区"。自2010年起，工业园区已经连

续 12 年在苏州市社会文明程度指数测评中名列前茅。

在苏州市 2022 年度的 3 次现场督查中，苏州工业园区始终位列前二，全年平均达标率 95.26%（表 3.1）。

表 3.1　2022 年苏州市文明城市创建实地考察年度测评结果

城区	2022 年 01 期达标率/%	2022 年 02 期达标率/%	2022 年 03 期达标率/%
吴江区	94.23	96.35	95.80
工业园区	93.76	95.86	96.16
姑苏区	93.10	95.32	95.47
高新区	93.15	93.21	94.08
相城区	90.81	93.63	95.22
吴中区	91.08	93.18	94.10
整体平均达标率	92.69	94.59	95.14

3.2.2　区域文明城市建设历程

近年来，苏州工业园区持续推进"文明 i 计划"系列活动，不断挖掘培育先进典型，塑造城市文明新风尚。与此同时，工业园区还在苏州市范围内率先开发志愿服务平台，全区累计志愿服务时长已超过 490 万小时。工业园区在苏州市文明城市测评中已保持城区板块"十二连冠"，近七年文明城市建设历程见图 3.2。

第 3 章
苏州工业园区：践行企业社会责任，助力文明建设

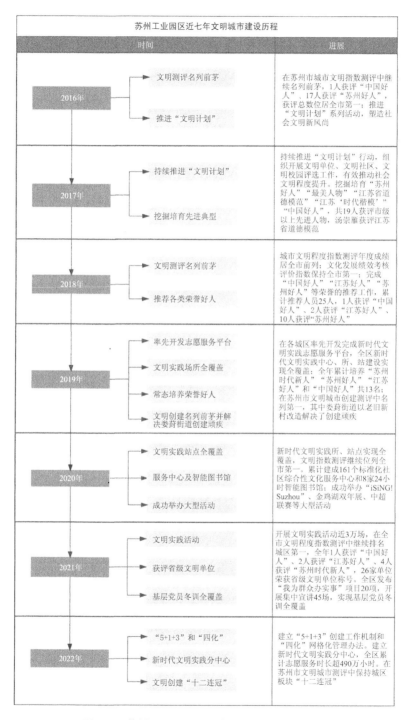

图 3.2　苏州工业园区近七年文明城市建设历程

3.2.3 园区企业社会责任建设历程

企业精神文明建设是社会主义精神文明建设的重要组成部分。近年来，文明城市建设受到社会各界的关注和认可，已经成为城市竞争力的重要组成部分。企业作为社会的组成部分之一，承担着产业繁荣、文化传承、环境保护等重要责任，企业精神文明建设是企业内在实力的重要体现和城市文明建设的有力推手，其作用不仅仅是提升企业形象和改善员工精神面貌，更是推动城市文明建设和城市可持续发展的关键因素。在日益激烈的市场竞争和城市发展中，企业精神文明建设作为切实可行的举措之一，将促进企业和社会在经济、文化、和谐、环保、科技等各方面持续发展。

自2010年以来，苏州工业园区积极探索企业社会责任发展模式，开辟了一条具有园区特色的企业社会责任创新之路。目前园区企业社会责任发展经历了初创探索阶段、标准化提升阶段、发挥企业文明城市建设生力军阶段。

2010—2015年，是园区企业社会责任发展的初创探索阶段。在这一阶段，苏州工业园区逐渐形成了政府搭台、联盟推动、企业自觉的管理机制，开始着力建设"企业社会责任示范区"。

2016—2018年，是园区企业社会责任发展的标准化提升阶段。在这一阶段，园区启动建设"企业社会责任标准化评估体系"，进一步提出打造"企业社会责任示范区"的升级版目标。

2019年至今，是园区企业社会责任发展的发挥企业文明城市建设生力军阶段。这一阶段在分联盟建立的基础上，结合功能区特色及国家战略重点，以联盟为平台，形成了政府引导、企业共创、社区共建的新矩阵，助力"可持续发展园区"建设目标。苏州工业园区企业社会责任发展阶段及成果见图3.3。

苏州工业园区：践行企业社会责任，助力文明建设

第一阶段	第二阶段	第三阶段
初创探索阶段（2010—2015年）逐步形成政府搭台、联盟推动、企业自觉的企业社会责任管理机制，着力建成全国首个"企业社会责任示范区"	标准化提升阶段（2016—2018年）围绕强化责任意识、建构责任标准、提升责任能力，进一步提出了打造"企业社会责任示范区"升级版的目标，企业社会责任影响力持续扩大	发挥企业文明城市建设生力军阶段（2019年至今）在各功能区分联盟建立的基础上，结合各功能区的特色及国家的战略重点，以联盟为依托平台，形成政府引导、企业共创、社区共建的新矩阵，助力"可持续发展园区"建设目标
2010年： • 成立苏州工业园区企业社会责任联盟。 • 荣获苏州市精神文明建设"十大新事"、苏州市"宣传思想文化工作创新奖" 2012年： • 获中央文明办《精神文明建设简报》刊发 2013年： • 获江苏省"新形势下江苏思想政治工作创新案例"一等奖 2014年： • 获《人民日报》《聚精神力量树文明新风》报道、苏州市综治委"社会管理创新优秀项目" • 参与第二届中新社会治理高层论坛，分享"践行社会责任，引导企业公民参与"成功经验 2015年： • 在由国家发改委、工信部、商务部、环保部等单位指导，中国新闻社、《中国新闻周刊》主办的第十一届中国企业社会责任国际论坛上获得"2015政府责任创新"奖	2016年： • 启动"苏州工业园区企业社会责任标准化评估体系"建设。 • 受邀赴天津参加亚太经济合作组织(APEC)绿色供应链网络年会，分享园区企业社会责任建设经验 2017年： • 园区企业社会责任工作在复旦大学管理学院举办的第二届启动"AI社会价值共创"中国企业社会责任卓越案例评选中，获公益组织案例典范 2018年： • 组织6家联盟成员企业参与第二届"AI社会价值共创"中国企业社会责任卓越案例评选 • 受邀参加第四届中日韩环保企业圆桌会议，分享园区企业社会责任建设经验	2016年： • 对标最新政策及精神文明要求，以企业社会责任评估推动园区整体精神文明建设，并结合现场评估实际，升级形成评估体系2.0，使得企业社会责任评估更符合园区实际 2020年： • 首年使用评估体系2.0，完成14家园区企业社会责任评估，参评社会责任整体表现逐年提升，园区企业社会责任影响力持续扩大 2021年： • 继续使用评估体系2.0，通过现场和线上评估相结合的方式完成14家企业成社会责任评估 • 依据国家及地区"十四五"规划要求，以及新时代文明实践要求，结合过去5年近400家企业自评及现场评估情况，升级形成评估体系3.0

图3.3 苏州工业园区企业社会责任发展阶段及主要成果

3.3 苏州工业园区企业社会责任建设措施

早在20世纪50年代，企业社会责任的概念就被西方发达国家提出。自我国深入推进可持续发展战略开始，社会责任作为我国推进可持

续发展的主要抓手和现实路径，逐步获得我国各级部门的广泛认可。苏州工业园区吸取国外先进经验，增强企业社会责任意识，积极创新企业精神文明建设方式，并为促进企业履行社会责任采取了一系列有效措施。

3.3.1 打造"亲商型"政府管理模式

从1994年实施启动开始，苏州工业园区就积极借鉴新加坡经验，尝试转变传统的管理方式，逐渐建立了"亲商"的理念，加强政府的服务意识，在社会经济发展的过程中关注"政府、企业、居民"的三者统一。

以汀兰家园"环境理事会"为例，在"环境理事会"成立之前，汀兰家园是一个被50多家企业包围的居民小区，居民和企业之间因为环境问题，关系非常紧张。为调和两者之间的矛盾，在以苏州工业园区环境保护局为代表的政府部门引导下，"环境理事会"平台应运而生。"环境理事会"平台协调政府和企业的多方力量和资源，将"环境政府监管"向"环境社会治理"转变。企业和居民利用平台坦诚交流，许多问题迎刃而解。

汀兰家园居民、企业与政府部门的互动，其实也是苏州工业园区企业社会责任建设的缩影，通过类似"环境理事会"的平台，企业很好地履行了社会责任，也为以居民为代表的利益相关方带来了价值。从汀兰家园"环境理事会"案例中可以看出，在"亲商"理念下，园区政府逐步形成了注重服务的新型管理风格，推行"小政府，大社会"的管理模式，政府只需要在必要的范围内履行自己的职能，最大限度地发挥社会和企业的作用。

3.3.2 成立苏州工业园区企业社会责任联盟

2010年5月，苏州工业园区企业社会责任联盟（以下简称"联盟"）由苏州工业园区宣传部发起成立。经过十几年的发展后，苏州工业园区企业社会责任联盟已包括苏州工业园区宣传（精神文明）办公室联合经济贸易发展局（外企协会）、劳动和社会保障局、组织人事局

（工会联合会）、社会事业局、环境保护局、安全生产监督管理局、工商行政管理局（个私协会）等 14 个指导单位，成员单位由 2010 年的 50 余家企业已发展至 700 多家，并成立了包括苏州工业园区企业社会责任联盟娄葑街道分联盟、苏州独墅湖科教创新区企业社会责任分联盟、苏州工业园区高端制造与国际贸易区企业社会责任分联盟、苏州工业园区金鸡湖商务区分联盟、苏州工业园区阳澄湖半岛旅游度假区分联盟、苏州工业园区企业社会责任联盟胜浦街道分联盟、苏州工业园区企业社会责任联盟唯亭街道分联盟 7 个分联盟。

联盟围绕"诚信经营""公益慈善""惠民服务""生态环保"等主题，积极开展社会责任活动。2019 年，苏州工业园区将企业社会责任工作作为"一翼"纳入园区精神文明"一体两翼"工作体系，提升了园区企业社会责任工作的战略高度。

3.3.3 持续改进企业社会责任标准化评估

2016 年，苏州工业园区企业社会责任联盟正式启动企业社会责任标准化体系建设工作，2017 年，联盟正式推出了《苏州工业园区企业社会责任标准化评估体系 1.0》，通过指标的细化分解，指导企业具体落实企业精神文明工作的开展。2019 年，结合党的十九大报告，省、市级最新政策趋势，新增"精准扶贫、基层党建、产业升级、志愿者服务"评估指标，与《全国文明城市（地级以上）测评体系（2018 年版）》《关于推动开放型经济高质量发展若干政策措施的意见》等文件进行对标、结合，融入新时代发展背景下精神文明建设、提升社会文明水平的整体要求，"评估体系"完成了 1.0 到 2.0 的版本升级，同时编制完成了《苏州工业园区企业社会责任标准化评估体系指南》，在有利于推动企业全面履行社会责任的同时，凝聚了企业力量，推进社会文明水平提升。

2022 年 10 月，党的二十大胜利召开，会议明确提出，从现在起，中国共产党的中心任务就是团结带领全国各族人民全面建成社会主义现代化强国、实现第二个百年奋斗目标，以中国式现代化全面推进中华民族伟大复兴，中国式现代化是物质文明和精神文明相协调的现代化，为现阶段社会高质量发展赋予新内涵，也对企业履行社会责任提出了新要求。苏州工业园区积极贯彻党的二十大精神，对标国家、江苏省及苏州市"十四五"规划，精神文明建设，"30·60"碳达峰、碳中和目标及共同富裕等最新政策背景趋势，结合五年来评估体系应用的实践经验，升级打造《苏州工业园区企业社会责任标准化评估体系3.0》（图3.4、表3.2），进一步构建责任标准、强化企业责任意识、提升履责能力，推进社会责任和社会文明的互促并进。

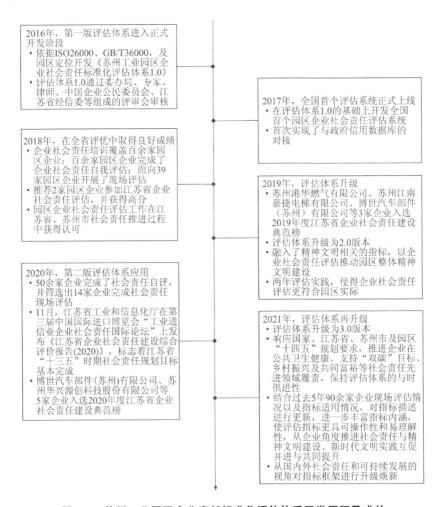

图3.4 苏州工业园区企业责任标准化评估体系开发历程及成效

表 3.2　苏州工业园区企业责任标准化评估体系开发历程及成效

主要原则	主要参考依据
基于国内外通用标准	• *ISO* 26000：*Guidance on Social Responsibility*（2010） • 《GB/T 36000：社会责任指南》（2016） • 《联合国可持续发展目标（SDGs）》（2015） • 《中国落实 2030 年可持续发展议程国别方案》（2016）
保持与园区定位和国家、江苏省、苏州市及园区层面最新社会责任政策趋势相符合	• 《中共中央 国务院关于完整准确全面贯彻新发展理念做好碳达峰碳中和工作的意见》（2021） • 《中华人民共和国乡村振兴促进法》（2021） • 《习近平在第七十五届联合国大会一般性辩论上的讲话》（2020） • 《中共中央关于制定国民经济和社会发展第十四个五年规划和二〇三五年远景目标的建议》（2021）、《江苏省国民经济和社会发展第十四个五年规划和二〇三五年远景目标纲要》（2021）、《苏州市国民经济和社会发展第十四个五年规划和二〇三五年远景目标纲要》（2021）、《苏州工业园区国民经济和社会发展第十四个五年规划和二〇三五年远景目标纲要》（2021） • 《决胜全面建成小康社会 夺取新时代中国特色社会主义伟大胜利——在中国共产党第十九次全国代表大会上的报告》（2017） • 《中华人民共和国慈善法》（2016） • 《江苏省政府关于印发落实健康中国行动推进健康江苏建设实施方案的通知》（2020） • 《江苏省企业社会责任建设指导意见》（2017） • 《苏州市生态文明建设规划（2021—2025 年）》（2021） • 《苏州市乡村振兴战略实施规划（2018—2022 年）》（2019） • 《中国（江苏）自由贸易试验区苏州片区建设实施方案》（2019）
深入践行新时代文明实践	• 《中共中央办公厅关于建设新时代文明实践中心试点工作的指导意见》（2018） • 《深化新时代文明实践引领 建设全国文明典范城市三年行动计划（2021—2023）》（2021） • 《苏州市文明单位测评体系》（2021）

与此前两版相比，评估体系 3.0 结合社会责任最新政策趋势，围绕常态化疫情防控、江苏自贸区苏州片区建设、支持"双碳"目标、绿色低碳产品设计、乡村振兴及共同富裕等，新增 2 个三级指标，调整 11 个三级指标。同时，进一步强化对新时代文明实践相关指标的要求，调整 8 个三级指标。此外，还结合企业实际，进一步明确评估标准，提升指标的可操作性和易理解性，新增 1 个三级指标，调整 14 个三级指标。

3.3.3.1 保证评估体系与时俱进

结合企业社会责任的最新政策趋势,围绕绿色低碳产品设计、支持"双碳"目标、自贸区苏州片区建设、乡村振兴及共同富裕等多个维度,评估体系3.0新增2项三级指标,调整11个三级指标。(表3.3)

表3.3 评估体系3.0调整"支持'双碳'目标"指标

【示例】调整"支持'双碳'目标"指标

结合苏州工业园区、苏州市"十四五"规划要求,以及《中共中央 国务院关于完整准确全面贯彻新发展理念做好碳达峰碳中和工作的意见》《2030年前碳达峰行动方案》文件,将"气候变化风险识别和管理"指标调整为"支持'双碳'目标",在话语体系上与最新的政策要求保持一致,并进一步细化指标的要求,引导企业开展碳减排行动。

评估体系2.0指标:

二级指标	三级指标	评估标准	得分
生态环境改善	54.气候变化风险识别和管理	已经采取措施识别了公司的主要直接与间接温室气体来源(SCOPE1、2、3),并采取措施减少温室气体排放	100
		已经采取措施识别了公司的主要直接与间接温室气体来源(SCOPE1、2、3),但尚未采取措施减少温室气体排放	50
		未主动识别和管理气候变化风险	0

评估体系3.0指标:

二级指标	三级指标	评估标准	得分
应对气候变化	56.支持"双碳"目标	企业发布减碳目标或碳中和目标及路径	100
		企业采取措施降低碳排放总量及强度	70
		企业开展碳盘查,对温室气体排放的来源进行识别、测量、记录和报告	40
		未主动识别和管理温室气体排放	0

3.3.3.2 推进践行新时代文明实践

结合新时代文明实践及精神文明建设相关要求,将评估体系2.0中第五个一级指标"共享繁荣"升级为"文明实践",进一步强化对新时代文明实践相关指标的要求,例如"参与文明创建""参与文明实践"

"参与文明培育"等,调整 8 个三级指标。(表 3.4)

表 3.4 评估体系 3.0 调整"积极参与志愿服务"指标

【示例】调整"积极参与志愿服务"指标
结合《苏州市文明单位测评体系》(2021 年版),进一步丰富"积极参与志愿服务"指标的内涵,推进企业扩大员工志愿者团队人数、创建志愿服务品牌项目,并结合《深化新时代文明实践引领 建设全国文明典范城市三年行动计划(2021—2023)》文件,鼓励企业参与新时代文明实践中心(所、站、点)建设。

评估体系 2.0 指标:

二级指标	三级指标	评估标准	得分
志愿服务	64. 积极参与志愿服务	建立员工志愿服务机制,如员工志愿者培训管理机制、员工志愿服务激励机制等	100
		面向社区开展志愿者服务项目,如关爱空巢老人、留守儿童,为大型赛事活动提供志愿服务保障,参与园区"三五学雷锋""国际志愿者日""公益伙伴计划"活动等	
		面向社区开展志愿服务活动,但尚未建立员工志愿服务机制	50
		未开展社区志愿者服务项目	0

评估体系 3.0 指标:

二级指标	三级指标	评估标准	得分
文明实践	63. 参与新时代文明实践	建立员工志愿服务团队,培育 1 个以上志愿服务品牌项目,注册志愿者人数占员工总人数的比例不少于 30%	100
		积极参与新时代文明实践活动,开展抗击疫情及常态化疫情防控、关爱空巢老人、留守儿童、为大型赛事活动提供志愿服务保障等志愿服务项目,参与园区"三五学雷锋""国际志愿者日""公益伙伴计划"等活动,开展人文社科知识普及讲座,普及科学知识	
		探索建设新时代文明实践站(点),或与新时代文明实践中心(所、站)开展结对共建	
		满足其二	70
		满足其一	40
		未参与志愿者服务项目	0

3.3.3.3 提升指标的可操作性和易理解性

结合企业工作实际,评估体系 3.0 进一步明确了评估标准,规范社会责任语境下的专业化表达;对指标表述进行精简,使评估指标展现更为正式和精练,提升指标的可操作性和易理解性,合计新增 1 个三级指标,调整 14 个三级指标。(表 3.5)

表 3.5 评估体系 3.0 调整"社会责任管理体系建设"指标

【示例】调整"社会责任管理体系建设"指标
结合社会责任发展趋势,丰富"社会责任管理体系建设"指标内涵,鼓励企业将社会责任纳入公司发展规划,或制定专项管理制度,进一步提升社会责任工作的系统性及规划性。

评估体系 2.0 指标:

二级指标	三级指标	评估标准	得分
企业社会责任管理	7. 社会责任管理体系建设	建立企业社会责任委员会或社会责任部门	100
		未建立企业社会责任委员会或社会责任部门	0

评估体系 3.0 指标:

二级指标	三级指标	评估标准	得分
责任管理	2. 社会责任管理体系建设	企业明确将企业社会责任纳入发展规划,或建立社会责任专项管理制度	100
		建立企业社会责任委员会或社会责任部门	
		满足以上其一	50
		均不满足	0

评估体系 3.0 共包含三个层级的指标,其中一级指标 5 项,以定义企业社会责任的目标与主题,包括诚信经营、和谐企业、品质创新、绿色发展、文明实践;二级指标 32 项,为企业社会责任的具体议题,如责任理念、合规运营、应对气候变化等;三级指标 70 项,为实际评分项,如价值观与素养建设、社会责任管理体系建设、支持"双碳"目标

等（表3.6）。

表3.6 评估体系3.0具体内容

一级指标	二级指标	三级指标	评估标准	得分	指标类型
一、诚信经营	责任理念	1.价值观与素养建设	企业文化及价值观中包含对社会和环境关爱的表述	100	B
			制定体现富强、民主、文明、和谐、自由、平等、公正、法治、爱国、敬业、诚信、友善的社会主义核心价值观要求的企业规章制度或员工行为规范		
			通过诚信人物表彰、宣传，积极宣导和落实		
			满足以上其二	70	
			满足以上其一	40	
			均不满足	0	
	责任管理	2.社会责任管理体系建设	企业明确将企业社会责任纳入发展规划，或建立社会责任专项管理制度	100	A
			建立企业社会责任委员会或社会责任部门		
			满足以上其一	50	
			均不满足	0	
		3.社会责任信息披露	公司网站有社会责任专栏	100	B
			近两年以企业为主体在公司年报中或独立刊行形式发布企业社会责任报告		
			满足以上其一	70	
			近两年企业集团总部发布社会责任报告或外资企业中国事业部发布报告，并且报告范围涵盖本公司	40	
			均不满足	0	
	合规运行	4.公平竞争	企业制定了反垄断、反不当竞争等促进公平竞争的相关制度或程序	100	B
			企业至评估日两年内没有被媒体曝光的负面信息		
			企业至评估日两年内没有被媒体曝光的负面信息	50	
			企业至评估日两年内被媒体曝光了相关负面信息	0	

续表

一级指标	二级指标	三级指标	评估标准	得分	指标类型
一、诚信经营	合规运行	5.反商业贿赂	企业制定了抵制商业贿赂的相关制度或条款，或采取抵制商业贿赂的相关措施	100	B
			企业至评估日两年内没有被媒体曝光的负面信息		
			企业至评估日两年内没有被媒体曝光的负面信息	50	
			企业至评估日两年内被媒体曝光了相关负面信息	0	
		6.尊重知识产权	企业制定了知识产权保护的相关制度，或通过专利的定期检索等措施保护知识产权	100	B
			企业至评估日两年内没有被媒体曝光的负面信息		
			企业至评估日两年内没有被媒体曝光的负面信息	50	
			企业至评估日两年内被媒体曝光了相关负面信息	0	
	诚信经营	7.诚信经营	企业至评估日两年内在信用方面获得国家、省、市、区级荣誉	100	N
			企业至评估日两年内在公共信用报告中没有失信记录	50	
			企业至评估日两年内无严重失信记录，有1项一般失信记录	-50	
			企业至评估日两年内无严重失信记录，有2项一般失信记录	-100	
			企业至评估日两年内有严重失信记录，被列为失信被执行人、严重违法失信黑名单、失信联合惩戒对象，或有3条及以上一般失信记录	取消资格	
	经济贡献	8.经济贡献	净资产收益率高于8%	100	B
			纳税额保持增长		
			满足以上其一	50	
			均不满足	0	

续表

一级指标	二级指标	三级指标	评估标准	得分	指标类型
二、和谐企业	保障员工权益	9. 合法平等雇佣	企业制定规章明示在招聘及雇佣过程中没有歧视性政策	100	B
			企业劳动合同具备了国家法律法规规定的必备条款		
			企业为全体员工缴纳社会保险		
			劳动合同签订率100%		
			企业采取措施保护员工的个人信息和隐私		
			仅满足前四条	50	
			均不满足	0	
			存在以下任一情况	取消资格	
			有使用童工的现象		
			有证据表明雇佣行为在性别、地区、种族、信仰、健康等方面存在歧视		
		10. 员工收入保障	声明执行同工同酬	100	
			全部按时、足额发放，无拖欠、克扣现象		
			抽取10~20名企业在册基层员工工资收入发放记录，工资水平满足最低工资标准		
			企业至评估日两年基层岗位工资增长率不低于同期江苏省CPI增长速度		
			仅满足前三条	50	
			均不满足	0	
		11. 休息与休假	公司为员工提供额外年假等福利假期	100	
			企业的工时、休息休假制度符合基准性或禁止性规定，且执行情况良好	50	
			年假制度符合规定且执行情况良好		
			休息休假制度未得到良好的执行	0	
	加强基层党建	12. 加强基层党建	企业设立基层党组织，并定期开展党建活动	100	A
			企业设立基层党组织，但未定期开展党建活动	50	
			企业既未设立基层党组织，也未开展党建活动	0	

续表

一级指标	二级指标	三级指标	评估标准	得分	指标类型
二、和谐企业	员工民主沟通及参与	13.工会设立及有效运行	企业依法成立工会，相关报批登记材料完备，并能履行工会职责及开展活动支持企业和员工发展	100	B
			企业依法成立了工会组织	50	
			企业未设立工会组织	-100	
		14.民主参与及沟通机制	建有职代会、厂务公开、集体协商等员工民主参与经营活动的渠道和机制，对于工资调整等与员工利益相关的重大决策信息提前公示征询意见	100	B
			建有投诉举报渠道并保持畅通		
			有民主参与及沟通机制，在执行上存在薄弱环节	50	
			不能提供相关证据	0	
	员工福利及关爱	15.员工帮扶	企业牵头建立困难员工的发现和帮扶机制，并且运行良好	100	A
			企业开展了员工帮扶活动，但尚未形成机制	50	
			不能提供相关证据	0	
		16.员工福利	为退休返聘人员和实习生缴纳工伤保险	100	A
			为员工提供医疗、健康、教育等领域的福利	50	
			未为员工提供医疗、健康、教育等领域的福利	0	
		17.工作生活平衡	通过弹性工时、托幼、育儿假、设立爱心妈咪小屋、哺乳室等方式为员工家庭生活提供便利	100	A
			提供文体健康设施，定期开展文体活动		
			满足以上其一	50	
			均不满足	0	
		18.多元化文化	组织或参与民族团结进步的宣传教育活动	100	A
			尊重员工的宗教信仰和民族习俗		
			尊重员工的宗教信仰和民族习俗	50	
			否则	0	

续表

一级指标	二级指标	三级指标	评估标准	得分	指标类型
二、和谐企业	员工培训与发展	19.建立员工发展体系	企业制定了员工绩效考核与晋升制度	100	B
			企业定期对所有员工开展绩效考核		
			企业制定了员工绩效考核与晋升制度，但未定期对所有员工开展绩效考核	50	
			均不满足	0	
		20.提升女性管理层比例	中层以上管理人员中，女性比例不低于30%	100	A
			否则	0	
		21.员工教育与培训	建立系统的年度基层员工培训计划，按规定提取和使用职工教育培训经费	100	B
			确保被裁员的工人获得接受再就业、培训和咨询方面的帮助或近两年未发生大规模裁员		
			满足以上其一	50	
			未开展任何形式的员工教育与培训活动	0	
	员工健康与安全	22.工作场所安全	建立完善的安全管理制度并确保有效运行，包括员工安全培训执行良好	100	B
			建立了应急方案，定期开展安全生产、自然灾害、公共卫生事件等突发事件的应急演练		
			设施、设备、建筑物符合安全标准		
			安全管理制度健全但运行情况一般	50	
			未建立安全管理制度	0	
			近两年发生造成死亡的安全生产事故或工伤事故	取消资格	
		23.员工健康保护	安排全体员工进行定期体检，采取职业病防范措施	100	B
			仅对有职业病危害的岗位员工定期体检，采取职业病防范措施，已有计划将体检覆盖到全员	50	
			仅对有职业病危害的岗位员工定期体检，采取职业病防范措施	0	

续表

一级指标	二级指标	三级指标	评估标准	得分	指标类型
二、和谐企业	员工健康与安全	24. 企业公共卫生体系建设	为员工配备防疫设施、物资等，面向员工开展疫情防控、个人防护宣传，提升员工公共卫生意识	100	B
			成立疫情防控应急小组，明确疫情防控的内部责任机制，制定疫情防控应急预案	50	
			严格执行政府政策及社区新冠疫情防控要求，但未建立常态化的疫情防控制度	0	
			发生聚集性重大传染病事件及其他影响公共健康安全的事件	取消资格	
		25. 心理健康关怀	建立发现并干预员工心理健康的机制	100	A
			定期开展员工心理健康关怀活动		
			开展过员工心理健康方面的活动，但未建立相关机制	50	
			不能提供相关证据	0	
	员工满意度	26. 员工满意度	定期开展员工满意度调查	100	A
			员工满意度近两年呈提升的趋势		
			企业至评估日两年内开展过员工满意度调查	50	
			企业至评估日两年内未开展过员工满意度调查	0	
三、品质创新	员工满意度	27. 产品质量管理体系*	建立了产品质量管理体系	100	B
			通过产品质量管理体系 ISO9001 或 GB/T19000 认证		
			制定了明确的产品质量管理目标		
			满足以上其二	70	
			仅建立了产品质量管理体系	40	
			均不满足	0	
		28. 产品合格率*	内部质检产品质量：合格率95%以上	100	B
			在产品上市后，未发生被质量监督部门检查出不合格产品的事件		
			在产品上市后，发生被质量监督部门检查出不合格产品的事件	0	
		29. 服务质量	建立了售前、售后支持与客户服务体系	100	B
			不能提供相关证据	0	

续表

一级指标	二级指标	三级指标	评估标准	得分	指标类型
三、品质创新	产品与服务质量	30. 客户投诉及回应	基于事实和相关标准处理客户投诉，客户投诉办结率大于等于98%	100	B
			基于事实和相关标准处理客户投诉，客户投诉办结率介于80%到98%之间	50	
			未按照相关标准处理客户投诉或客户投诉办结率小于80%	0	
		31. 客户满意度	定期开展客户满意度调查	100	B
			客户满意度85%以上或近两年呈提升的趋势		
			企业至评估日两年内开展过客户满意度调查	50	
			企业至评估日两年内未开展过客户满意度调查	0	
		32. 产品标签与标识*	采取使用标签、警示、指导等措施促进消费者对产品使用安全和风险的了解	100	B
			未采取相关措施	0	
		33. 产品召回机制*	建立了产品召回机制、补偿机制等保证在产品上市后出现始料未及的危害时召回产品，并补偿已经购买产品的人员的损失	100	B
			不能提供相关证据	0	
	科技创新	34. 产业升级	开展制造装备提升项目	100	A
			开展互联网化提升项目		
			满足以上其一	50	
			均不满足	0	
		35. 产品/技术创新	设立国家、省、市、区级研发机构	100	A
			企业为主体，与高校、科研机构开展产学研协同活动		
			保障在研发方面有一定比例的投入		
			满足以上其二	70	
			满足以上其一	40	
			不能提供相关证据	0	

续表

一级指标	二级指标	三级指标	评估标准	得分	指标类型
三、品质创新	科技创新	36.创新荣誉	最近两个年度获得国家、省、市级高新技术企业称号，或科学技术进步奖、政府质量奖、专精特新企业等荣誉	100	A
			最近两个年度获得发明、实用新型、外观设计等专利	50	
			最近两个年度未获得相关荣誉或专利	0	
	负责任营销	37.负责任的营销	在销售点或与客户签订的合同中提供可用官方语言比照的完整、准确、便于理解的信息	100	B
			广告和营销时没有性别或种族歧视的表现		
			满足其一	50	
			有被媒体曝光的在广告和营销中的性别或种族歧视的表现	-100	
	信息安全与隐私保护	38.信息安全与隐私保护	通过了ISO27001等信息安全管理体系认证	100	B
			建立完善的消费者信息管理制度，采取措施保护消费者信息与隐私	50	
			不能提供相关证据	0	
			被媒体报道了泄露或滥用消费者信息的情况	-100	
		39.消费者教育	上一自然年度开展或参与3场以上消费者教育活动	100	A
			上一自然年度开展过消费者教育活动	50	
			上一自然年度未开展任何形式的消费者教育活动	0	
	可持续消费	40.绿色低碳产品设计	在产品开发和设计环节，考虑到产品的环境影响，选择可再生、可回收、对环境影响较小的原材料，为消费者提供在使用和废弃阶段对环境负面影响更少的产品或服务	100	A
			不能提供相关证据	0	
		41.引导可持续消费	向消费者提供有关产品环境影响、动物福利等方面的信息	100	A
			在可能的情况下，向消费者提供或建议其采用回收和处置服务		
			仅能提供部分证据	50	
			不能提供相关证据	0	

续表

一级指标	二级指标	三级指标	评估标准	得分	指标类型
四、绿色发展	环境管理	42.环境管理体系	建立环境管理体系	100	B
			通过了ISO14001环境管理体系认证		
			制定了明确的环境管理目标		
			满足以上其二	70	
			建立了环境管理体系	40	
			均不满足	0	
	污染物及废弃物管理	43.污染减排	制定污染减排的制度或计划，并通过改进生产工艺等措施促进污染减排	100	B
			未采取污染减排措施，但已有相应计划	50	
			未采取污染减排措施或制订相应计划	0	
		44.污染减排成果	根据企业提供测量和记录企业生产和办公污染减排情况的数据和报告，单位产品/产值/每万元营收主要污染物/废水/废气产生量较前一年降低	100	A
			尚无数据或报告反映污染减排成效	0	
		45.废弃物减量管理	企业采取措施对废弃物进行减量化管理、资源化利用	100	B
			企业采取措施对废弃物进行无害化处理	70	
			企业进行废弃物的来源识别、监测、记录、报告	40	
			以上措施均无	0	
		46.废弃物减量成果	根据企业提供测量和记录企业生产和办公废弃物的数据和报告，单位产品/产值/每万元营收废弃物产生量较前一年降低，或循环利用率升高	100	A
			尚无数据或报告反映废弃物减量成效	0	
	资源及能源节约利用	47.能源节约利用	制定提升能源使用效率的制度或计划，并采取相应措施	100	B
			未采取提升能源使用效率的措施或制订相应计划	0	
		48.能源效率提升成果	根据企业提供测量和记录企业重要生产和办公能源使用情况的数据或者报告，企业单位产品/产值/每万元营收综合能耗较前一年降低	100	A
			尚无数据或报告反映能源使用效率提升成效	0	

续表

一级指标	二级指标	三级指标	评估标准	得分	指标类型
四、绿色发展	资源及能源节约利用	49.新能源开发与利用	企业采用风能、太阳能等新能源替代部分传统能源	100	A
			企业购买绿色电力或绿电证书，推动能源转型	100	
			满足其一	50	
			未开展此类项目	0	
		50.原材料使用效率提升*	制定提升原材料使用效率的制度或计划，并采取相应措施	100	B
			未采取提升原材料使用效率的措施或制订相应计划	0	
		51.原材料使用效率提升成果*	根据企业提供测量和记录企业原材料使用情况的数据和报告，单位产品/产值/每万元营收主要原材料消耗量较上一年降低	100	A
			尚无数据或报告反映原材料使用效率提升成效	0	
		52.水资源节约管理	制定运营和生产用水节约的制度或计划	100	B
			未采取水资源节约措施或制订相应计划	0	
		53.水资源节约成果	定期测量、记录和报告水资源使用情况，从外部获取的水资源量、单位产量用水效率和循环利用水资源比例较前一年度有显著提升	100	A
			尚无证据表明企业节水成果	0	
	绿色办公	54.绿色办公	建立绿色办公体系，推行低碳差旅、视频会议、绿色出行等资源节约措施	100	B
			在办公、管理运营方面关注资源节约，但无法表明成果	50	
			无证据表明采取了绿色办公措施	0	
		55.绿色建筑	厂房、办公楼宇使用获得绿色建筑认证的建筑	100	A
			积极推进厂房、办公楼宇的节能改造	50	
			不能提供相关证据	0	

续表

一级指标	二级指标	三级指标	评估标准	得分	指标类型
四、绿色发展	应对气候变化	56. 支持"双碳"目标	企业发布减碳目标或碳中和目标及路径	100	B
			企业采取措施降低碳排放总量及强度	70	
			企业开展碳核算,对温室气体排放的来源进行识别、测量、记录和报告	40	
			未主动识别和管理温室气体排放	0	
		57. 支持"双碳"目标管理成果	企业定期披露减碳成果,或发布进展报告	100	A
			对温室气体排放进行统计,单位产品/产值/每万元营收温室气体排放量较上一年降低	50	
			尚无数据或报告反映温室气体减排成果	0	
	生态环境改善	58. 参与环境改善	企业获得"环境管理提升企业"称号	100	A
			企业参与园区"环境管理合作伙伴计划",提升企业环境管理能力和环境绩效	70	
			参与社区环境绿化、垃圾清理等	40	
			未参与此类行动	0	
		59. 生态文明宣传教育	面向企业内外部同时开展生态环境保护主题宣传或实践活动,倡导简约适度、绿色低碳的生活方式	100	B
			面向内部员工开展节能减排、绿色技术创新等宣传培训,提高员工绿色生产的意识和技能	50	
			未开展此类行动	0	
	供应管理	60. 供应商管理	明确规定对供应商在环境保护、劳工管理等方面进行评估,有完整的评估记录,并将评估结果作为购销决策依据之一	100	B
			明确规定对供应商等合作伙伴任意一方面社会责任履行情况进行评估,有评估记录,并将评估结果作为购销决策依据之一	50	
			不能提供相关证据	0	
		61. 提升本地采购比例	本地采购比例上升或本地采购比例超过50%	100	A
			否则	0	

续表

一级指标	二级指标	三级指标	评估标准	得分	指标类型
五、文明实践	文明培育	62.参与文明培育	获得国家、省、市或园区层面的文明单位称号	100	B
			积极参与文明单位创建，制定文明单位创建的工作规划、年度计划和人财物投入保障等		
			开展公益广告宣传，积极参与先进典型选树工作		
			满足其二	70	
			满足其一	40	
			未参与此类活动	0	
	文明实践	63.参与新时代文明实践	建立员工志愿服务团队，培育1个以上志愿服务品牌项目，注册志愿者人数占员工总人数的比例不少于30%	100	B
			积极参与新时代文明实践活动，开展抗击疫情及常态化疫情防控，关爱空巢老人、留守儿童，为大型赛事活动提供志愿服务保障等志愿服务项目，参与园区"三五学雷锋""国际志愿者日""公益伙伴计划"等活动，开展人文社科知识普及讲座，普及科学知识		
			探索建设新时代文明实践站（点），或与新时代文明实践中心（所、站）开展结对共建		
			满足其二	70	
			满足其一	40	
			未参与此类活动	0	
	文明创建	64.参与文明典范城市创建	参与文明城市创建，规范厂区及周边环境管理，规范停车秩序，不占道停车	100	B
			普及文明交通、文明旅游、文明餐桌等文明礼仪规范，积极动员员工践行《苏州市文明行为促进条例》		
			广泛参与"啄木鸟"随手拍等公共文明督查活动		
			满足其二	70	
			满足其一	40	
			未参与此类活动	0	

续表

一级指标	二级指标	三级指标	评估标准	得分	指标类型
五、文明实践	社区共建	65.参与社区共建	企业利用自身特长或技术优势参与社会问题的解决，促进社区发展	100	B
			开展优秀传统文化保护和传承项目，加强对历史建筑、非物质文化遗产保护等		
			完善社区文体、医疗、旅游等基础设施建设，为青少年社会实践活动提供便利等		
			满足其二	70	
			满足其一	40	
			未参与此类活动	0	
	促进就业	66.促进就业	面向失业、待岗人员开展职业技能培训等，帮助改善当地就业环境	100	B
			与高校签订实习协议、参与"企业新型学徒制"等，提升人才培养能力		
			为残障人士、军转人员等提供就业岗位		
			满足其二	70	
			满足其一	40	
			均不满足	0	
	推进区域开放建设	67.推进区域开放建设	响应"一带一路"倡议、"走出去"、全球产业链等国家建设战略等	100	A
			积极参与长三角一体化、长江经济带、江苏自贸区苏州片区建设等地区建设，参与中国国际进口博览会等		
			满足其一	50	
			均不满足	0	

续表

一级指标	二级指标	三级指标	评估标准	得分	指标类型
五、文明实践	精准扶贫及乡村振兴	68. 巩固脱贫成果、推进乡村振兴	企业将巩固拓展脱贫攻坚成果同乡村振兴有效衔接，制定过渡衔接规划或设立相应机制，在产业振兴、人才振兴、文化振兴、生态振兴、组织振兴等方面持续投入	100	B
			企业在巩固脱贫成果、推动乡村振兴方面有一定的投入，但尚未形成规划和稳定的机制	50	
			近两年企业未在巩固脱贫成果、推动乡村振兴方面开展相应的工作	0	
	公益慈善	69. 社会公益	企业有长期公益目标，并持续地投入资金，开展公益活动（长期、持续、直接的资助行为）	100	B
			企业没有长期公益目标，但有长期持续地投入资金开展公益活动	50	
			企业没有长期持续地投入资金开展公益活动	0	
		70. 慈善捐赠	近两年企业进行过慈善捐赠，且捐赠金额不低于1万元（临时、偶发、间接的资助行为）	100	B
			近两年企业未进行实质的慈善捐赠	0	

注：标*指标为生产型企业专属指标，服务型企业如不适用，将在总分计算时剔除相关指标。

苏州工业园区在积极建设完善企业社会责任标准化评估体系的同时，还启动了苏州工业园区企业社会责任在线评估系统的开发建设，该评估系统于2017年建成并正式上线，首次实现了企业社会责任在线评价与政府信用数据库的融合对接。为了进一步加强企业社会责任在线评估系统操作及管理的便捷化、高效化，2018年和2019年，苏州工业园区企业社会责任在线评估系统持续升级改造，提升企业用户体验感。同时，评估系统还实现了联盟成员在线注册，新增了区外企业测评端口等服务功能。（图3.5）

图 3.5 苏州工业园区企业社会责任评估系统 3.0

苏州工业园区企业社会责任评估整体流程包括培训与准备、企业自评、现场评估、专家评审、信用复核、公布结果和后期评奖六个步骤。其一，在发布开展企业社会责任评估工作的通知后，联盟会对企业开展社会责任评估培训，使企业系统了解企业社会责任知识，以便企业开展自评及现场评估。其二，企业可以通过在线评估系统进行自评，在线自评分数不低于 75 分，且信用情况良好的企业将进入现场评估阶段。其三，企业现场评估完成后，评估小组将根据参评企业实际情况，撰写评估报告。其四，专家评审委员会对评估报告进行审核，并根据专家整改意见调整评估报告。其五，通过专家评审的企业将开展新一轮的企业信用记录复查；联盟就通过信用记录复查的企业名单向联盟指导单位征求意见，根据实际情况确定综合评估得分和结果。其六，由联盟根据综合评估得分和结果，确定评估达标企业名单并最终公布，并基于结果评定奖项（图 3.6）。

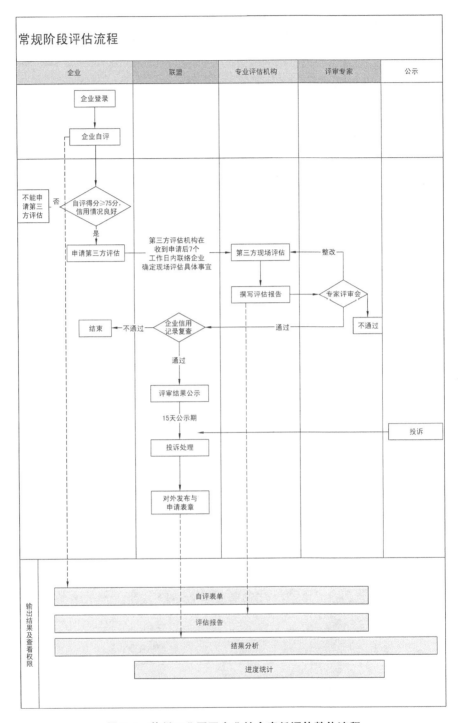

图3.6 苏州工业园区企业社会责任评估整体流程

3.3.3.4 企业社会责任评估工作持续开展

2016年，苏州工业园区正式启动了企业社会责任标准化评估工作，截至2022年年底，已有400多家企业根据《苏州工业园区企业社会责任标准评估体系》进行了社会责任在线自评，并有90多家企业完成了现场评估。

自2019年《苏州工业园区企业社会责任标准化评估体系2.0》形成并投入使用后，截至2021年，已有49家企业完成了社会责任自评及专业机构的现场评估，园区企业社会责任影响力持续扩大。

2019—2021年，参评的49家园区企业中，有6家企业得分超过90分，处于优秀水平，占比12.24%；有38家企业得分为75~89分，处于良好水平，占比77.55%；仅5家企业得分为60~74分，处于达标水平（图3.7、表3.7）。由此可见，参评企业整体社会责任表现良好。

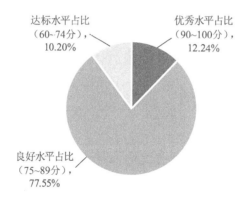

图 3.7　2019—2021 年社会责任标准化评估参评企业得分分布情况

表 3.7　2019—2021 年社会责任标准化评估参评企业得分明细

年份	参评企业数量/家	优秀水平占比/% （90~100分）	良好水平占比/% （75~89分）	达标水平占比/% （60~74分）
2019	21	0.00	95.24	4.76
2020	14	21.43	57.14	21.43
2021	14	21.43	71.43	7.14
总计	49	12.24	77.55	10.20

与此同时，对比 2019—2021 年参评企业的得分情况，近三年参评企业平均得分稳定在 83 分左右，处于良好水平（图 3.8）。

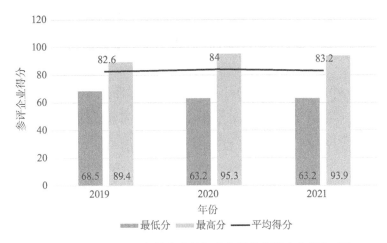

图 3.8　2019—2021 年社会责任标准化评估参评企业得分对比

3.4　苏州工业园区企业社会责任建设成效

作为全国首个"企业社会责任示范区"，苏州工业园区通过开展企业社会责任标准化评估、企业社会责任评估系统开发、企业社会责任（CSR）课程系统培训、白皮书发布、新闻传播等一系列的工作，在很大程度上提升了园区企业的社会责任履行意识和能力，园区企业社会责任建设工作颇具成效。

3.4.1　企业社会责任建设工作获得高度评价

十多年来，苏州工业园区企业积极履行社会责任，苏州工业园区社会责任建设工作获得了社会各界的高度评价，并且培育了一批在社会责任标准化建设、品牌建设、创新发展等方面成绩突出的优秀企业。

3.4.1.1　苏州工业园区企业社会责任联盟获得荣誉

苏州工业园区企业社会责任联盟自 2010 年成立以来，得到了社会各界广泛关注和高度好评。2010年成立之初，就荣获了苏州市精神文明建设"十大新事"、苏州市"宣传思想文化工作创新奖"；2013年，联盟事迹被中央文明办《精神文明建设简报》刊发；2014年，发表于《人民日报》的长篇报道《聚精神力量树文明新风》，对联盟的工作经验给予了高度肯定，同年，联盟被苏州市社会管理综合治理委员会评为"社会管理创新优秀项目"；2015年，联盟在由国家发展和改革委员会、工业和信息化部、商务部、环境保护部等单位正式指导，中国新闻社、《中国新闻周刊》主办的第十一届中国·企业社会责任国际论坛上获得"2015年政府责任创新奖"；2016年，联盟受邀参加APEC绿色供应链网络年会，分享园区企业社会责任建设经验；2018年，联盟受邀参加第四届中日韩环保企业圆桌会议，分享园区企业社会责任建设经验。

3.4.1.2 苏州工业园区企业获得社会各界好评

多年来，苏州工业园区企业积极履行社会责任，培育了一批在标准化建设、品牌打造、诚信经营等方面成绩优异的企业。

亿滋食品与中国青少年发展基金会达成合作，通过宣传普及营养和运动知识，始终关注未成年人健康成长，在全球率先发布"儿童营销准则"，并且在该领域做出了长期表率。欧莱雅、吉田建材、协鑫集团等多家企业专注节能减排，在中水回用、太阳能发电、节能减排等方面不断创新。惠氏营养品（中国）有限公司多年来致力于工艺改造、质量严控，企业荣获了2011年度辉瑞全球供应集团"总裁奖"、2012年"中国食品健康七星奖"，被评为"全国质量诚信承诺优秀企业"。其他企业自主发起的公益活动更是数不胜数，并与周边社区、学校建立了良好的互动关系。

2022年10月，苏州市发改委对各地推荐的市级信用管理示范企业完成了初步审核，并委托信用服务机构进行了现场评估，共遴选出52家企业入围"苏州市信用管理示范企业"。其中，园区共有9家企业入围公示名单，数量位居全市首位。同年11月，江苏省发展和改革委员会经过各设区、市发展和改革委员会（信用办）推荐、信用审查、信用服务机构实地评价、网上公示等程序，认定了 43 家企业为 2022 年江苏省信用管理示范企业，其中园区的康美包（苏州）有限公司上榜。

截至 2022 年，园区共有 6 家省级信用管理示范企业、45 家市级信用管理示范企业。

3.4.2　企业社会责任品牌打造

苏州工业园区持续动员社会力量参与文明创建。依托联盟建设，园区将文明创建、文明实践、文明培育纳入体系，进一步提升企业精神文明工作实效，推动企业广泛参与文明创建活动，开展员工文明素养教育，为区域文明注入产业力量。企业在生产运营的同时，积极履行社会责任，围绕服务惠民、慈善公益、生态环保等方面广泛开展活动，培育打造了一批颇具影响力的精品项目和活动，助力新时代文明实践工作。

3.4.2.1　恒泰商置"恒心先锋"便民服务市集、文明素养课堂活动

国企是履行社会责任，助力"文明园区"建设的主要力量，近年来，苏州恒泰商用置业有限公司（简称"恒泰商置"）组建了"恒心先锋"志愿服务团队，与合作企业和参建单位联合，常态化开展关爱帮扶"暖心行动"，用志愿之力汇聚项目建设磅礴动能，引导党员群众为园区新时代文明实践工作积极贡献企业力量。

2023 年 5 月 11 日上午，由苏州工业园区宣传和统战部指导，苏州恒泰商用置业有限公司、苏州工业园区志愿者协会、苏州工业园区企业社会责任联盟共同主办了苏州工业园区新时代文明实践点揭牌仪式，揭牌仪式在苏州恒泰自贸商务中心项目部举行，在揭牌的同时，恒泰商置以此为契机，正式启动了"恒心先锋"便民服务市集、文明素养课堂主题活动，开展包括交通文明、环保宣传、普法教育、医疗健康、公益慈善等相关系列活动，助力广大工人朋友丰富精神文化生活，提高自身文明素养。

本场活动为文明素养课堂的首批 9 位讲师颁发了文明素养讲师团聘

书，文明素养课堂内容涉及文明交通、普法教育、防金融诈骗、医疗健康、应急救援、环保宣传、禁毒宣传、公益慈善等方面，并同时开讲文明交通和普法教育课堂。文明交通课堂聘请苏州市公安局苏州工业园区分局交警大队湖东中队的民警郭轩廷为讲师，为工友现场讲解了交通安全知识与相关法律法规，倡导大家自觉遵守，为"文明园区"营造有序、文明、安全的道路交通环境。普法教育课堂聘请了姑苏公安分局石路派出所教导员、二级警长薛瑞华警官为讲师，在课堂上为工人讲授了丰富的法律知识。本次普法教育课堂丰富了一线建筑工人的法律知识储备，引导他们懂法、守法，提升了工人的法律素养，助力法治社会建设。

文明素养课堂之余，"恒心先锋"便民服务集市也同时启动，现场为工人朋友提供了理发、手机贴膜、医疗服务等多项免费服务，并开设防金融诈骗、应急救援等科普窗口。除此以外，项目工地将长期开展巡回服务，细化落实便民服务举措。

3.4.2.2 港华燃气文明联盟打造文明楼宇

2022年6月，在苏州港华燃气有限公司党支部和港华大厦联合党支部的倡导下，联合保利、港中旅、用友网络等十家企业成立港华大厦文明联盟（简称"文明联盟"），文明联盟一方面将成为楼宇党建的重要载体，另一方面也将成为企业之间相互学习、相互借鉴，提升文明建设水平的平台。在共享合作的模式下，文明联盟拉近了楼宇内企业之间的距离，以文明为纽带联结并带动企业积极参与文明主题活动，扩大活动覆盖面和影响力。文明联盟结合成员单位的现有资源，不断丰富活动的内容和特色，以"4+X"为核心内容开展活动，即组织一次现场观摩、进行一次文明实践、开展一次道德讲堂、参加一次联盟单位举办的特色文明活动，汇集共享联盟企业资源，共同打造楼宇文明风尚。

苏州港华燃气有限公司作为一家公共服务公司，多年来一直重视自身精神文明建设工作，连续多年被评为江苏省文明单位、江苏省社会责任典范榜企业。除了重视自身企业精神文明建设外，该公司多年来坚持助力社区基层工作,践行企业社会责任。2022年,苏州港华燃气有限公司利用周末时间,走进园区56个居民小区,通过案例展示的方式,为居民讲解燃气安全的基本常识和常见隐患,让居民在家门口就可以咨询到燃气使用方面的问题。除此以外,该公司还连续十多年联合园区的社区开展公益活动,致力于为社区的高龄空巢老人提供力所能及的关爱。

3.4.2.3 建设银行"金智惠民·美好生活"项目

2018年12月,中国建设银行"金智惠民·美好生活"品牌工程正式启动。园区建设银行携手园区金融管理服务局合力推进,支行联动各功能区、街道、社工委共同承办,组建了一支具备专业素养、深入基层一线、覆盖全辖区的宣讲队伍,全面深入辖内社区、学校和企业,利用案例讲解、模拟演示、发放宣传折页等,常态化开展系列培训,为区域经济建设、民生改善提供智力支持。

2021年,园区建设银行进一步与时俱进,丰富了培训内容,致力于打造综合化培训服务。融合推进党史学习教育,结合总分行涉诈涉赌风险防控的工作要求,积极落实苏州工业园区打击治理电信网络新型违法犯罪暨止损控案百日会战工作部署,以网点党支部和部门党支部自愿结对的形式,打造以"全民反诈防骗,共建无诈园区"为主题的"基础课程+部门专业特色课程"相结合的综合化培训体系,进一步深化"金智惠民"工程。数据显示,2021年,园区建设银行累计开展了55场"金智惠民"综合培训,活动覆盖了1500余人,为金融知识宣传营造了良好的氛围。

网点党支部和部门党支部自愿结对,专业互补,打造综合化培训,内容更为丰富多样。制订详细的推进计划,走进园区辖内社区,渗透网点周边学校、企业等,开展系列培训活动,使"金智惠民"培训遍地开花。该分行还加入苏州工业园区企业社会责任联盟和苏州工业园区志愿者协会,并注册成立园区建设银行"金智惠民·美好生活"志愿服务队,积极参与协会发起的"种子计划"项目,开展暑期"金智惠民·小小银行家"培训活动。同时,与苏州工业园区志愿者协会签订共建协议，融合志愿活动开展"金智惠民"培训。

3.4.3 企业精神文明建设水平稳步提升

根据2019—2021年苏州工业园区企业社会责任评估报告数据，精神文明相关指标平均得分由2019年的77.2分，逐步上升至2021年的83.4分（图3.9），由此可见，园区企业精神文明建设水平稳步提升。

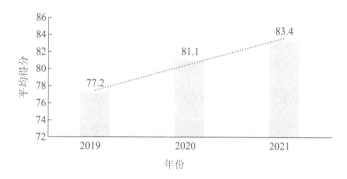

图 3.9　2019—2021年园区参评企业精神文明相关指标得分情况

近年来，园区众多企业已经在精神文明领域开展了相应的工作，如在文明交通、文明旅游、文明餐桌、文明上网及普及健康知识、开展人文社科讲座等方面已经开展了一系列的活动；在参与改善社区环境方面，企业通过垃圾清理、植树等方式美化周边环境。

对于园区企业而言，精神文明建设工作的下一步重点将逐步转移至提升精神文明建设行动的多样性，对标精神文明建设、新时代文明实践相关要求，结合企业业务及发展实际，围绕文明创建、文明实践、文明培育等方面开展多样化的行动，从企业角度推进社会责任与精神文明建设、新时代文明实践互促并进、共同提升。

第 4 章 苏州市姑苏区：打造新时代文明实践矩阵，助推文明城市创建常态化

4.1 区域概况

姑苏区成立于 2012 年 10 月 26 日，由苏州市原平江、沧浪、金阊三个老城区合并而成，总面积 83.4 平方千米，包含 14.2 平方千米古城和 19.2 平方千米历史城区，户籍人口 73.5 万，常住人口 95.8 万。姑苏区是苏州市的政治、教育、文化、旅游中心，历史文化底蕴深厚，有着 2500 多年的悠久历史，是吴文化的重要发源地。沧浪亭、狮子林等 8 处古典园林和大运河 5 条故道、5 个核心点段被列入世界文化遗产名录，平江路、山塘街等 2 条历史文化名街享誉中外，至今还基本保持着古代"水陆并行、河街相邻"的双棋盘格局和"小桥流水、粉墙黛瓦"的江南风貌。截至 2022 年，姑苏区共有各级文保单位 184 处，中华"老字号" 17 家，非物质文化遗产代表性项目 106 项。

姑苏区是全国首个也是唯一的国家历史文化名城保护区，设保护区党工委、管委会，是江苏省委、省政府派出机构。姑苏区与保护区实行"区政合一"管理体制，共设党政职能机构 28 个，另设纪检监察机关 1 个，下辖 8 个街道、169 个社区。

对国家历史文化名城保护区姑苏区而言，文明是一条条干净整洁、小景扮靓的背街小巷，是一处处保护修缮、活化利用的古建老宅，也是粉墙黛瓦下邻里间的友善互助，是古典园林里昆曲人与游客的交流互

动。姑苏区用足"绣花功夫",推进古城保护更新,推动城市建设管理,办好民生实事小事。近年来,姑苏区进一步开展小区环境、街巷环境等七大提升行动,用脚步丈量,用成效说话。过程中,享受到文明成果的古城百姓纷纷加入进来,凝聚起共建共享的强大合力。姑苏区以更高标准推动历史文化名城保护,以更大力度推动经济高质量发展,以更细管理推动城市环境美丽宜居,以更实举措推动民生服务优质均衡。

姑苏区全国文明城市创建现状

在苏州市 2022 年度 4 次现场督查中,姑苏区 3 次位列前三,全年平均达标率在全市 6 个城区排名第 3,姑苏区文明城市常态长效水平实现新跃升。

2022 年,姑苏区 8 个街道在全市 35 个街道中排名分别如下:白洋湾街道第 3 名、沧浪街道第 5 名、苏锦街道第 6 名、金阊街道第 10 名、虎丘街道第 11 名、吴门桥街道第 12 名、平江街道第 13 名、双塔街道第 20 名,所有街道名次较 2021 年均有所提升。

全区及下辖各街道 2022 年的成绩排名及其与 2021 年对比见表 4.1。

表 4.1 姑苏区及下辖各街道 2022 年、2021 年成绩排名对比表

区域	2022 年平均		2021 年平均		达标率变化情况	名次变化情况
	达标率	名次	达标率	名次		
姑苏区	94.99%	3	94.97%	5	+0.02	↑2
平江街道	91.13%	13	91.74%	26	-0.61	↑13
金阊街道	91.87%	10	92.25%	20	-0.38	↑10
沧浪街道	92.52%	5	92.97%	13	-0.45	↑8
双塔街道	90.58%	20	91.98%	24	-1.40	↑4
虎丘街道	91.49%	11	91.68%	27	-0.19	↑16
苏锦街道	92.44%	6	91.45%	30	+0.99	↑24
吴门桥街道	91.27%	12	90.95%	33	+0.32	↑21
白洋湾街道	93.09%	3	91.07%	32	+2.02	↑29

在测评项目达标率方面，姑苏区2022年在全市六个城区中排名第1的项目有7个，分别为互联网上网服务营业场所、实体书店、公共文化场馆、爱国主义教育基地、公共广场、新时代文明实践中心、建筑工地。排名第2的项目有2个，分别为公园景区、小餐饮店。排名第3的项目有6个，分别为街道（新时代文明实践所）、商场超市、社区（新时代文明实践站）、政务大厅、公交站台、商业大街。排名第4的项目有2个，分别为宾馆饭店、背街小巷。排名第5的项目有4个，分别为农贸市场、主干道、次干道、居民小区。各测评项目达标率及排名情况见表4.2。

表4.2 姑苏区2022年各测评项目达标率及在全市六个城区中的排名表

测评项目	达标率/%	名次
互联网上网服务营业场所	100.00	1
实体书店	100.00	1
公共文化场馆	100.00	1
爱国主义教育基地	100.00	1
公共广场	100.00	1
新时代文明实践中心	100.00	1
建筑工地	99.85	1
公园景区	97.60	2
小餐饮店	96.71	2
街道（新时代文明实践所）	98.57	3
商场超市	97.66	3
社区（新时代文明实践站）	97.33	3
政务大厅	97.12	3
公交站台	96.16	3
商业大街	94.23	3
宾馆饭店	96.69	4
背街小巷	84.12	4

续表

测评项目	达标率/%	名次
农贸市场	87.87	5
主干道	86.52	5
次干道	85.40	5
居民小区	78.84	5

其中，姑苏区新时代文明实践中心、街道（新时代文明实践所）、社区（新时代文明实践站）达标率较高，成绩排名对比见表4.3。

表4.3 姑苏区新时代文明实践中心、街道（新时代文明实践所）、社区（新时代文明实践站）成绩排名对比表

区域/测评项目	第1次		第2次		第3次		第4次		2022年平均	
	达标率/%	名次	达标率/%	名次	达标率/%	名次	达标率/%	名次	达标率/%	名次
新时代文明实践中心	未测评		100.00	1	未测评		100.00	1	100.00	1
街道（新时代文明实践所）	96.88	3	98.44	3	99.29	2	99.65	2	98.57	3
社区（新时代文明实践站）	96.59	2	96.95	1	97.19	4	98.60	4	97.33	3

姑苏区桂花社区、观景社区2个实践站先后获评"全国最美志愿服务社区"，三元一村社区实践站获评"江苏省优秀志愿服务社区"，选树白洋湾街道实践所、三元一村社区实践站等9个市级文明实践示范阵地。

姑苏区同步持续优化新时代文明实践志愿服务平台（电脑端和手机端），建有理论宣讲服务、教育服务、文化服务、科技科普服务、健康体育服务、综合服务、古城保护等"5+N"服务平台，还有"需求库""资源库"。姑苏区新时代文明实践志愿服务平台共开展活动38961次，发布资源1783个，有活跃志愿者274822名，服务时长22318744小时，已打造了"理悦姑苏""'稚'爱古城""走姑苏街巷，看名城变化，品古城魅力""科苑先锋"等众多品牌项目。

4.3 姑苏区全国文明城市创建举措

面临辖区内老旧小区多、背街小巷杂、人员流动大等多重压力考验，姑苏区主动担当、攻坚克难、争先进位，取得了历史性的进步，为下一阶段创建工作积累了宝贵经验。

4.3.1 上行下效聚合力

4.3.1.1 区级领导挂钩督战

将姑苏区8个街道与区领导进行一一挂钩，并根据区领导自身的分工，对各个街道创建工作开展常态化"四查"行动（查创建责任落实情况、查重点区域保障情况、查重点问题解决情况、查市民群众发动情况）。

4.3.1.2 部门板块齐抓共管

姑苏区下发《关于进一步明确机关部门和街道常态化挂钩联系的通知》《关于深化机关支部结对社区实施"同心同力"基层治理党建项目的通知》，强化机关部门与街道的"命运共同体"意识，落实区级部门和街道"同责同查"要求，区级机关干部常态化下沉街道、社区开展小区卫生大整治、街巷环境大扫除等创建工作，同时在市委宣传部、市级机关工委的大力支持下，积极对接1200余名市级机关志愿者，在市场、医院、商场周边，以及交通路口开展文明创建志愿服务。

4.3.1.3 文明实践走深走实

姑苏区针对文明城市网上申报工作要求，严格按照《区新时代文明实践中心主任、街道新时代文明实践所所长、社区新时代文明实践站站长重点任务清单》，由区委书记（区新时代文明实践中心主任）带头开展理论宣讲、文化文艺、社会服务等文明实践志愿服务，引导全区做好新时代文明实践各项工作。

截至2023年4月，姑苏区建有1个新时代文明实践中心、6个新时代文明实践分中心、8个新时代文明实践所、169个新时代文明实践站和 57 个新时代文明实践点。

4.3.2 建章立制抓落实

第一,建督查测评制度。姑苏区组织对辖区内各街道、各责任单位的区级测评,同时对各单位的整改情况进行效能督查,每两周形成阶段性的成绩,并将排名情况公布在政务微信公众号。

第二,建专题会议制度。前期每周由姑苏区分管领导开展"四不两直"督查,每两周由指挥部副总指挥召开专班工作例会,每月由总指挥召开指挥部会议,对各单位压实责任,对重难点问题压茬推进。针对"国测"的相关迎检工作,制订"突击月"攻坚方案,每周确定攻坚主题,每天下午由区领导对各部门、各街道进行点调,对各单位当天工作进度进行梳理、分析,研判第二天的工作内容。

4.3.3 问题导向解难题

首先,解管理问题。姑苏区住建委联合属地街道约谈物业公司,加强面上的整治力度。梳理辖区内老旧小区和无物业小区的清单,结合文明楼道建设,拨付 1.65 亿元专项资金,对全区 717 个老旧小区和无物业小区进行墙面、路面等硬件修补提升,截至 2022 年 12 月,已初步完成第一阶段 4000 个文明楼道和 400 个文明示范楼道建设,同时做好了 19 个老旧小区的改造提升。

其次,解环境问题。从环境卫生、市容秩序、停车秩序、立面广告、小微执法、净美街巷、夜间排档、专项督导 8 个方面,制订计划,倒排进度,强化执法力度,加大清扫频次,划片整治、分块推进。自 2022 年以来,姑苏区规范占道经营近 2 万起,清理乱涂贴 1.3 万余处,清理杂物垃圾 1 万余吨,清洗果壳箱近 6 万个,清洗垃圾亭 3.6 万余座,剪除杂乱线缆 1200 余根近 36 千米,捆扎、规范线缆近 180 千米,规范飞线充电 4.6 万余起。

再次,解秩序问题。姑苏区对辖区内 5677 家市场主体,尤其是 29

家农贸市场、24家专业市场，开展常态化、多轮次的检查和督查工作，对市场、商场超市、星级宾馆等逐个过堂、逐个提升，截至2022年12月共检查3.2万余家次，杜绝了农贸市场的证照问题，市场内部及周边的环境也得到了较大的提升。针对交通秩序问题，按照疏堵结合的原则整治违法停车，在主次干道、背街小巷沿线施划机动车停车位4400余个、非机动车停车线120余千米，处罚机动车违停2.6万起、非机动车乱停放3000余起。针对路口秩序，在加强执法管理的基础上，广泛发动市、区两级机关志愿者在主要交通路口开展协勤，处罚行人非机动车闯红灯5.6万余起、电瓶车不戴头盔11.7万余起。

最后，解宣传问题。在辖区39条主要道路集中设置2100余杆公益广告道旗，推送文明宣传短信370万余条，营造浓郁创建氛围。严格按照"3米×2米"的标准，在省级文明社区、商业大街、景区等点位打造了一批公益景观小品，形成独具姑苏特色的公益景观小品样板。设计推出文明交通、文明餐饮、文明养宠、垃圾分类、公共场所不喧哗共五类主题公益海报画面，以及文明停放非机动车公益广告视频，通过政务微信公众号、辖区电子大屏等形式广泛宣传。

姑苏区新时代文明实践矩阵成效

新时代文明实践，是一项系统性、全局性工作。姑苏区不断整合、盘活全区、全社会资源，建一支队伍，搭一个平台，布一张网络，形成新时代文明实践志愿服务合力。2018年，姑苏区成立了新时代文明实践志愿服务总队，街道、社区（村）也分别组建了新时代文明实践志愿服务队伍。区、街道、社区三级志愿服务队伍整合辖区所有志愿服务资源，为群众提供理论宣讲、文化教育、科学普及、体育健康等各类志愿服务。

姑苏区有机整合场地、人员、项目、平台等各方资源，初步构建起上下贯通、软硬结合、集约高效的文明实践矩阵，助推全国文明城市创建常态化。

4.4.1 整合区域资源，多样化提供惠民服务

4.4.1.1 "幸福大院""微课堂"释放"大能量"

自2023年以来，姑苏区以打造冬训样板课堂为抓手，整合多方资源、丰富学习载体、创新学习形式、扩大党员覆盖，着力推动理论学习学在日常、用在经常。姑苏区以党员群众需求为导向，整合各方资源，精心定制"学习菜单"，用党员群众喜闻乐见的形式，把枯燥的理论学习变为有趣的"情感共鸣"，倾力打造1个区级"文艺+理论"样板课堂、8个街道级"一街一特色"样板课堂、169个社区级线上线下"微课堂"，构建"1+8+N"冬训样板课堂矩阵。

平江街道利用名人故居资源打造"庭院课堂"，将冬训课堂搬进门庭院落；沧浪街道整合身边好人好事打造"好人课堂"，用"邻里家常"唠出"理论新篇"……169个社区依托229个新时代文明实践站（点）、海棠花红阵地等线下阵地，打造"家门口""指尖上"的理论学习"微课堂"，让党员群众"随时随地学理论"，让"微课堂"释放"大能量"。

姑苏区以"幸福大院"冬训样板课堂为引领，聚焦居民党员群众关心的热点问题，深入古城街巷院落开展理论宣讲，广泛听取居民意见，有效推动基层共治，解决了环境整治、古宅保护等方面一系列问题。聚焦分散在商圈、楼宇、产业园里的"两新"党员，姑苏区探索"1+1>2"联学联训模式，打造"理论学习共同体"，凝聚"两新"党员上好冬训"必修课"。聚焦行动不便的老党员、流动性较大的新业态新就业群体党员等，姑苏区用好"流动送学"队伍，将冬训样板课堂与暖心关爱一同"送上门"。

4.4.1.2 移动巴士，探索文明实践新形式

2021年，姑苏区文明办与苏锦街道共同打造了流动新时代文明实践点——移动巴士（图4.1、图4.2）。移动巴士分为一组两台车型，其中，"红帆号"以党建为主题，主打影音试听、户外移动课堂等功能；"若水号"以运河文化为主题，主打设备装载、户外移动展览等功能。

通过将文明实践、党建红色元素与年轻时尚元素进行有机融合，苏锦街道以移动巴士这种创新形式开展党史学习教育、运河文化宣传、文明志愿实践等工作。

图 4.1 "红帆号"创意巴士

图 4.2 "若水号"创意巴士

在抵达和润家园后，"若水号""变身"为义诊服务车，社区卫生所的医护人员在车内为居民提供血压检测、解读体检报告、健康咨询等一系列服务；而"红帆号"同时打开服务窗口，它搭载着苏式花窗博物馆提供的"红色"手作，为大家展示"红船精神"和精巧的传统榫卯结构。后续两辆车还将分别开展"移动5G红色云课堂""户外迷你党课""露天放映红色主题电影""运河文化特色展览""垃圾分类志愿服务""企业服务政策宣传""人才对接专场服务"等特色服务。

苏锦街道位于姑苏区北部核心地域，其辖区在建工地、产业园楼宇较多，工地和企业员工精神文化需求较大，传统的方式难以为其持续提供服务，移动巴士流动点则解决了这一难题，能够灵活应用不同场景。两辆巴士能够深入社区、楼宇、商圈、工地等，灵活流动运用于各类场景。辖区企事业单位通过提前预约，便能实现共享共用。针对不同人群，巴士能开展零距离的服务；相比于传统搭建舞台、布置现场的方式，新时代文明实践流动车不需要重复地制作舞台背景和购买道具，可以减少重复拆搭的成本。

近年来，苏锦街道积极探索文明实践的新形式、新内涵，打造了一批功能齐全又独具特色的新时代文明实践阵地。除了移动巴士，苏锦街道还整合文体活动中心，建立以"为老服务"为主题的新时代文明实践所；依托垃圾分类宣传点，打造万达实践站；构建"1+5+1"工作机制，建立"新家风新家园"实践站、"时间银行"互助餐厅实践点；围绕"江南文化""大运河文化"主题，打造苏式花窗博物馆实践点；结合党群共建、旅客服务、文化宣传，打造火车站平安前哨综合服务站，这些新时代文明实践阵地的建立，能够凝聚群众、引导群众，以文化人、成风化俗。通过苏锦街道的积极探索，姑苏区其他街道也尝试并打造了具有特色的新时代文明实践阵地。

4.4.2　培育多元化志愿队伍，形成共建共享新格局

近年来，姑苏区大力培育和践行社会主义核心价值观，充分发挥道德模范、身边好人等先进典型的示范带动作用，通过打造好人工作室、好人志愿服务队，形成一个人影响一群人的良好效果，好人的品牌力量

进一步放大,崇德向善的氛围进一步强化。

4.4.2.1 培育吉庆好人志愿服务队,引领市民参与城市治理

吉庆好人志愿服务队成立于 2021 年,是由中国好人、江苏省道德模范提名奖获得者季洪球牵头组建的一支志愿服务团队。季洪球坚守"我帮您买菜"的承诺,25 年来风雨无阻地为老人义务买菜,曾留下 3 万余张买菜单。在他的影响下,越来越多的人加入了做好事的队伍,团队汇聚起了江苏好人张元全、姑苏好人臧井红和姜凤鸣等热心人,从一开始的 10 余人发展壮大为 35 人的大家庭。队员们以"居民所求必有应,所应之事必履行"为准则,积极参与环境卫生整治、疫情防控宣传、帮扶解困等志愿服务,团队志愿服务时长达 27500 小时,帮扶困难群众 600 余次。

自 2023 年起,吉庆社区新时代文明实践站特别邀请好人志愿服务队和新苏师范学校附属小学的孩子们在每周三下午开展"助老携幼 好人精神周周宣"活动。好人服务队把学习"好人"精神贯穿活动始终,通过老同志谈经验、讲好人好事的"传帮带"模式,最直接地感染青少年和党员志愿者,向青少年弘扬社会主义核心价值观,凝心聚力推动文明之风代代相传。

2023 年 4 月,吉庆好人志愿服务队的队长季洪球在吉庆社区新时代文明实践站的活动室里,通过文明小课堂向孩子们讲述垃圾分类的小知识和自己的志愿服务故事,故事引人入胜,给孩子们以榜样的引领力。

课堂不仅在室内,更在每次身体力行的志愿服务之中。在每周末的文明城市大扫除中,好人志愿服务队队员会组织并带领青少年志愿者加入其中,积极参与环境卫生整治等志愿服务。通过开展志愿活动,帮助广大青少年树立正确的人生观,弘扬中华民族传统美德及"奉献、友爱、互助、进步"的志愿精神。

4.4.2.2 打造"金乡邻"志愿服务社区，推动建设幸福家园

宝祥苑小区是苏州市体量最大的保障房小区，人员结构复杂，居民需求繁多，社区以志愿服务社区打造为切入点，在社区内设立一站式全科工作站、党员活动室、社区书屋、健身房、舞蹈房、社区警务室等，有效缓解小区治理矛盾，提升居民幸福感、获得感。

4.4.2.2.1 "三支队伍"推动社区治理

宝祥苑是保障性住房小区，近年来，随着居住人口增多，社区里新老苏州人融合，邻里纠纷多、环境脏乱差、基础设施破损等问题逐渐浮出水面。为了攻克保障房住宅小区的难点、痛点，社区探索实施"五心"工作法，培育组建3支"集祥志愿服务队"，充分发挥文明实践志愿服务力量，有力推动"祥和社区幸福家园"建设，举办"我们的节日"系列活动。以初心教育传承红色基因，以暖心关怀传递温情服务，以舒心宣教打造宜居环境，以安心守护塑造温馨社区，以连心互动引领和谐共融。以"海棠先锋志愿服务队""文明楼长志愿服务队""文明邻里志愿服务队"为行动表率，构建党建引领、社区主导、居民参与的共建共治共享社区志愿服务新格局。

4.4.2.2.2 以点带面发挥阵地作用

为强化和引导居民培育志愿服务精神和文明素养，社区对重点楼道进行硬件打造与美化上墙，完成了对辖区内23个楼道的提升和优化，重点创建了4个示范楼道，以"红色引领""互助和乐""和和美美"等为主题布置楼道，带动其他楼道进行自治。以祥和邻里广场和宝祥日间照料中心为载体，开展"露天影院""便民服务""赋能课堂"等特色主题活动，为居民群众提供更优质的服务。

4.4.2.2.3 打造"祥宝"周末活动小站服务项目

为满足宝祥社区青少年精神文化升级需求，打造和谐祥和、充满温情的社区，建立沟通、交流、学习、服务的平台，社区开设"祥宝"周末活动小站，引入社区和公益志愿者，为"祥宝"们开展安全、手工、阅读、小小志愿者等形式多样、内容丰富的志愿服务活动，织密邻里关

系网，切实提升居民获得感和满意度，携手助推和谐美好社区建设。

4.4.3 打造志愿服务项目，提升居民幸福感

自 2022 年以来，姑苏区新时代文明实践各项工作取得了突出成效，各部门紧贴群众需求，充分挖掘资源，加强项目策划，推出了一大批接地气、受欢迎的文明实践志愿服务项目，不断增强人民群众的获得感、幸福感。

4.4.3.1 "金桂齐享 五社联动"，打通服务群众的"最后一米"

姑苏区沧浪街道桂花社区作为首届"全国最美志愿服务社区"，以"金桂齐享 五社联动"为志愿服务品牌，探索以社区实践站为服务平台，以辖区社会资源为依托，以社会组织为专业支撑，以社区志愿者为主要力量、社会工作者为补充力量，形成对老人、青年、妇女、青少年等复合式群体的个性化服务，推动志愿服务制度化、常态化、品牌化，让社区实践站进一步动起来、活起来、实起来，服务百姓生活、解决实际问题。

4.4.3.1.1 打造"五社联动"平台，凝聚志愿服务力量

桂花社区现有注册社会组织 8 家。社区充分发挥社会组织的专业力量，以项目化为抓手，形成了"服务项目+社会组织"的服务模式，打造了"夕阳红""驴先生""蝴蝶妈妈"等多个志愿服务品牌，充分发挥专业社会组织在整合资源、团结协作方面的优势，引入各类志愿者、共建单位等资源，为广大居民开展文化传承、过年清扫、慰问帮扶、助老敬老等实践式、互动式的优质志愿服务活动，丰富居民的业余文化生活，打造精神乐园。

同时积极开展"1+1"培育结对活动，通过相同服务类别的成熟社会组织与社区草根服务团队一帮一结对，围绕济困、护幼、助老、应急等，发展特色化队伍，推进项目化服务，使社会组织更有力量，使草根团队更有活力。

4.4.3.1.2 整合"五社联动"资源，提升志愿服务内涵

对于社区内居民的就业需求，桂花社区实践站依托阵地资源，组织

志愿服务团队线下开展宣传和就业创业帮扶活动，同时积极打造"苏适乐龄家园"，设立"人社服务书籍专架""助业指导室""场景式体验教学基地""家门口的人社服务站"等一站式服务平台，对就业人员开展线下专业技能培训指导，提升求职人员技能（图4.3）。

图4.3 桂花社区打造就业一站式服务平台

此外，社区与苏州市"驴先生"体育服务中心、向日葵青年服务社等6家与人社服务紧密相关的社会组织资源对接，推出"渔职联盟"，帮助居民提升就业技能，扩大就业空间，实现就业服务的全面提升（图4.4）。

图4.4 桂花社区对接6家社会组织推出"渔职联盟"

4.4.3.1.3 扩大"五社联动"效能,形成文化服务特色

社区以"5+N"平台服务为基础,以文化服务为特色,融合江南文化、民俗文化、红色文化等,重点打造文化服务阵地,精心培育文化服务团队,常年开展各类文化服务项目,组建合唱队、口琴队、戏曲队等文化团队。社区积极扩大"五社联动"品牌效应,鼓励不同文化团队之间、文化团队与其他文化爱好者之间积极交流,不定期开展舞蹈、合唱、戏曲等文娱合作活动,促进文化服务的融合和发展。

姑苏区桂花社区的"金桂齐享 五社联动"志愿服务品牌项目,充分整合辖区资源,发挥专业人才效用,提升服务项目内涵,打造纵向统筹、横向链接的服务平台和服务品牌,形成"五社联动>5"的合力,全力打通服务群众的"最后一米"。

4.4.3.2 "苏农绿艺小站",助力城市微更新

"苏农绿艺小站"文明实践项目是2022年苏州市城区新时代文明实践志愿服务重点项目,项目聚焦姑苏古城老旧小区,改善人们生活环境,提升人居生活品质,打造苏式生活典范。

苏州农业职业技术学院发动校、院两级力量,组织百名师生,打造"苏农绿艺小站"志愿服务队,依托现有专业技术资源,有计划、系统地联合市区两级机关、街道社区党员、居民群众等各方志愿服务力量,在姑苏古城老旧小区广泛开展公共绿地花卉种植、楼道园艺美化提升、惠民绿艺课程等新时代文明实践志愿服务活动,从"净化、美化、文化"三方面提升小区楼道品质,形成共建共治共享的社会治理格局。

在楼道的出入口、拐角处因地制宜打造各具特色的绿艺小品,对原本破旧的墙面、窨井盖用绿艺彩绘的形式进行美化,化治理难点为绿艺亮点,目前已完成桐芳苑、狮林苑的楼道美化(图4.5)。

改造前　　　　　　　　　　　改造后

图 4.5　"苏农绿艺小站"志愿服务队美化楼道的改造对比图

针对不同社区、人群、主题、时节设置各类绿艺课程，让更多小区居民学习绿植养护等知识，提升生活环境的颜值，助力文明实践惠民工程落实落细。项目团队赴三元一村社区实践站开展文明实践惠民活动，与居民们一起学习党的二十大精神，开展惠民绿艺活动，共同感受美丽姑苏建设给家园带来的巨大变化和满满的幸福。

项目方针对老旧小区的相关绿化年久失修、亟待改造提升的现状，组织苏州农业职业技术学院的师生提升小区小游园公共空间的园艺水平，修建四季花境，以花为媒，帮助邻里之间相互了解、交流，促进人与人、人与自然的深层沟通（图4.6）。

绿艺小站志愿服务项目将持续一年，苏州园林集团和苏州市烟草专卖局共同参与该项目。该项目将完成11个楼道改造、3个小游园美化、10个社区活动的志愿服务。苏州农业职业技术学院的师生团队用心用情服务社会，用青春力量践行初心使命，以线带面推动环境大变样，助力城市微更新。

改造前　　　　　　　　　　　　　　改造后

图 4.6　"苏农绿艺小站"修复绿化的改造对比图

4.4.4　完善志愿服务保障机制，提升市民参与度

4.4.4.1　出台《姑苏区志愿服务礼遇激励办法（试行）》

姑苏区出台《姑苏区志愿服务礼遇激励办法（试行）》，给奉献、友爱、互助、进步的"红马甲"们献上一份专属大礼，鼓励更多市民朋友参与志愿服务，让雷锋精神人人可学，奉献爱心处处可为。

第一，关爱礼遇。在"姑苏好人"、道德模范、优秀团干部、"三八"红旗手、劳动模范等各级各项评选活动中，在同等条件下，优先推荐星级志愿者；将志愿服务时长和星级评定情况纳入个人信用报告；优秀星级志愿者还有机会被纳入"尚德姑苏榜"，参加全区各类重要场合和庆典。

第二，扶持礼遇。为星级志愿者提供公共就业服务。三星级及以上志愿者可在专职社工录用考试中获得1分加分，五星级志愿者享受职业培训补贴，所有星级志愿者优先参加民政系统举办的培训班。

第三，落户礼遇。注册志愿者可获得积分嘉奖，积分作为流动人口入学、入医、入户的重要依据，纳入苏州市流动人口积分管理认证。

第四，文体礼遇。五星级志愿者免费参观辖区内的文物古迹、博物馆等景点，所有的志愿者都有机会获得辖区内各类体育赛事的免费参与或观摩名额。

第五，医疗礼遇。优秀志愿者、优秀志愿服务组织代表可享受 1 次免费个性化定制体检；志愿者服务每年度满 100 小时，可以获得 1 次免费常规体检。参与献血、捐髓、捐遗等急难险重志愿服务的志愿者，还可以额外获得保险保障和积分奖励。

除了上述礼遇措施，志愿者还有机会获得感谢信、纪念奖章等；同时，志愿者可凭服务时长在线获得积分，在积分商城中兑换爱心商品或其他服务；45 周岁以下的志愿者更能享受到"姑苏志愿青享卡"等"青春礼遇"。

《姑苏区志愿服务礼遇激励办法（试行）》的出台不仅给志愿服务事业发展"加油"，还为社会文明和谐"续航"，鼓励更多市民朋友参与志愿服务，让雷锋精神人人可学、奉献爱心处处可为。

4.4.4.2　打造新时代文明实践志愿服务平台

2020 年 9 月，"姑苏区新时代文明实践志愿服务平台"正式上线。这是一个以"理论宣讲服务、教育服务、文化服务、科技科普服务、健康体育服务"为主的服务平台，设置有资源大厅、需求大厅、活动大厅及数据大厅四大模块，通过在线资源共享、供需对接，让志愿服务更规范、更高效。截至 2023 年 4 月，平台已经建有理论宣讲服务、教育服务等"5+N"服务平台，建立"需求库"和"资源库"两大数据库（图 4.7、图 4.8），并推出姑苏区新时代文明实践志愿服务平台手机端（图 4.9）。

近年来，姑苏区依托新时代文明实践志愿服务平台，全面推进志愿服务工作，先后形成"名城之窗""古城保护需要我""先锋志愿""志愿服务与网格化管理互优互促""'心心向戎'退役军人志愿服务"等志愿服务品牌项目，全国、全省最美志愿服务社区，省、市优秀志愿者纷纷涌现。

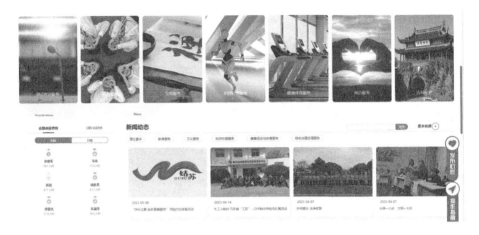

图 4.7　姑苏区新时代文明实践志愿服务平台界面 1

图 4.8　姑苏区新时代文明实践志愿服务平台界面 2

苏州市姑苏区：打造新时代文明实践矩阵，助推文明城市创建常态化

图 4.9　姑苏区新时代文明实践志愿服务平台手机端首页

第5章 苏州相城高新区（元和街道）：扛起主城担当，打造样板点位，引领文明创建

苏州相城高新区（元和街道）总面积44.36平方千米，下辖28个社区，常住人口超过30万。作为相城区的中心城区，也是相城区文明城市创建工作的主战场、主阵地，自2009年苏州市成功入选第二届全国文明城市名单后，相城高新区（元和街道）自觉树立大局意识、责任意识、苦干意识，练好善治"内功"，外修城市"颜值"，内塑城市"品质"，以扎实举措响应上级文明城市创建工作要求，推动文明城市常态长效建设。

常年、常态、长效地建设文明城市，元和街道认识到全国文明城市创建是为了在更深层次上促进城市发展、提升城市治理效能，"文明城市"称号的获得是一个非常重要的无形资产和战略资源。创建文明城市工作的不断发展就是推动精神文明建设的持续发展，以精细化、常态化的管理模式提升城市治理效能，用足"绣花功夫"，从而有效地构建社会主义和谐社会。

5.1 精细化、常态化文明创建工作举措

元和街道精细化、常态化文明创建工作，是一个不断发现问题、解决问题的过程，为地域社会治理提供了诸多新的"解题思路"。同时经

过不断创新机制，协调联动，城市治理效能在"解题"中提升。

5.1.1 体制机制谋新，扎实推动全域创建

一是坚持"一盘棋"思路。始终把文明城市常态长效建设工作列入党工委办事处年度工作要点，拧紧全员思想发条，主要领导靠前指挥，创建指挥部24小时调度，统筹城市管理委员会力量，加强成员单位协作配合，推动把文明城市创建融入各领域、各行业、各环节。

二是创新"网格化"创建。研究制订《相城高新区（元和街道）文明城市创建网格化管理工作方案》，实施创建工作五级管理（图5.1），划分214个网格，明确12类95条网格巡查清单，定期开展网格员培训，落实"网格吹哨、部门报到"机制，推动"小问题"现场解决，"大麻烦"上报处置。

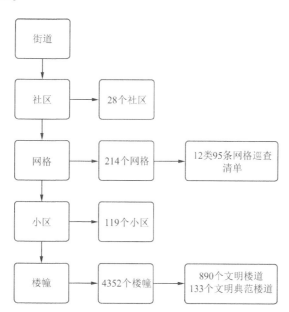

图 5.1　相城高新区（元和街道）文明城市创建工作五级管理示意图

三是强化"元和棠"① 赋能。实施高质量党建引领基层治理现代化

---

① 注："元和棠"是元和街道特色党建品牌，涵盖党建共建、党群服务、队伍建设、综合培育、理论宣讲、志愿服务等方面。

"根系工程"，加强社区与机关、国企、"两新"组织等党建共建，建立健全在职党员"向社区报到"常态化工作机制，打造"联动相融、共治共享、协调发展"的"党建+创建"格局。

5.1.2 督促整改求实，有效破解短板弱项

一是抓勤日常巡查。认真对待市区级测评检查，成立工作专班，常态化开展街道日常巡查、每周督查、月度测评、互测互评，强化自查自纠。

二是抓严突击检查。把"突击抓"和"经常做"结合起来，党工委办事处主要领导分别带队"四不两直"赴背街小巷、农贸市场、居民小区等点位督查创建工作，现场分析研判，协调处置问题；严格落实班子领导"一岗双责"制，明确分片包干，加强督查指导。

三是抓实问题整改。坚持问题导向，紧盯整改落实，通过周督办、月通报、红黑榜、约谈提醒、"回头看"等手段，强化文明创建常态长效。通过发出主要领导签批督办单、月度通报、"红黑榜"等方式，督促全街道提效共建。

5.1.3 典型引领有力，持续提升文明素养

一是制订行动计划。牢固树立"先塑文明人、再建文明城"理念，制订《相城高新区市民文明程度提升三年行动计划（2023—2025）》，明确4类16条具体指标，细排工作任务，在提高市民道德水准、涵养市民文化气质、筑守市民行为底线等方面持续发力。

二是深化文明实践。进一步扩大新时代文明实践点的覆盖面，大力推进志愿者实名注册登记，组织实施"我眼中的文明"打卡接力等特色宣传教育活动，有效运用数字化手段，全面激发广大市民投身志愿服务、共建文明城市的积极性、主动性。

三是发挥典型引领。对照测评明细打造御窑社区样板社区、姑苏裕沁庭样板小区、水漾花城社区样板楼道、依云水岸社区样板公共晾晒区等示范典型，复制成功经验，提升创建水平。充分利用"美丽元和"政

务微信、"高新之声"宣讲团等各类媒介，宣传典型做法、文明事迹，奋力营造向上向善向文明的浓厚氛围。

5.2 特色样板点位情况及引领成效

5.2.1 样板楼道——水漾花城社区

2022年，按照苏州市文明办对"文明楼道""文明示范楼道"建设的统一部署要求，在相城高新区文明办的指导下，元和街道坚持从"小"着手、从"实"着力，在水漾花城社区范围内打造"文明楼道"精品示范样板，以点带面，着力推动辖区管理水平和居民文明素养全面提升。

以水漾花城6期43幢为例，该文明楼道共分为"图书漂流阅读""绿色健康生活""家风家训宣传""文明素养提升"四大主题区域及"垃圾分类""消防安全"2个互动体验模块。同时，结合工作实际和需求，按照建设标准，每个区域均统一设置插页式信息公告栏，张贴社会主义核心价值观、善行义举榜等宣传海报，使其成为针对性高、时效性强、内容丰富的宣传窗口，营造良好文化氛围（图5.2）。

图 5.2 水漾花城文明楼道基础信息公示栏概念图

5.2.1.1 图书漂流阅读区

为打通全民阅读"最后一百米",切实满足居民阅读需求,提升小区文明软实力,社区充分利用楼道空间,积极探索创新、先行先试,结合"相阅而行"志愿服务项目,通过设置楼道图书漂流站、在线阅读二维码等方式,为居民创造阅读便利条件,提高居民文明素养,以浓厚书香氛围扮靓"文明楼道"。同时,社区也将该区域打造成海棠民情站,海棠先锋在此倾听民声、收集民意,此区域成为居民的共享公共区域。

5.2.1.2 "垃圾分类"互动体验模块

通过在墙面设置"生活垃圾分类猜猜猜",居民能够清楚了解如何将垃圾进行分类,对于小区老人在日常生活中正确分类垃圾有很大的指导作用,互动体验性也能够吸引小朋友来主动学习。为加强小区居民垃圾分类的意识,社区工作人员定期在此开展垃圾分类宣传活动,特别是对小区内的老年人、未成年人来说,互动体验能让大家更好地进行垃圾分类(图5.3)。

图 5.3 水漾花城文明楼道"垃圾分类"互动体验模块

5.2.1.3 "绿色健康生活"区域

设置此区域的目的是向居民普及绿色环保和健康生活的理念。首先,为了营造环保、节约的良好氛围,社区设置了一处"闲置物品交换区",通过发动"让闲置物品变废为宝"活动,倡导资源再利用的环保理念,以闲置的、多余的物品换回自己需要的物品,让旧物重获"新生",也通过这类活动的互动性,推动居民之间互相影响、共同提升,形成一种良好的"蝴蝶效应"。其次,通过在墙面布置"爱护环境、捍卫蓝天、节能减排、绿色发展"及"废物利用、垃圾分类所能带来好处"等内容,让"节能环保、绿色健康"理念深入人心。最后,宣传展示"营养膳食金字塔",健康饮食需要多样化、均衡化和适量化,"营养膳食金字塔"是人们日常生活中的营养摄取指南,能够帮助指导居民每日坚持营养膳食,合理摄取食物,满足身体的需要,保证基本的身体健康。(图5.4)

图5.4 水漾花城文明楼道"绿色健康生活"区域的"营养膳食金字塔"及"闲置物品交换区"

5.2.1.4 家风家训宣传区域

此区域是以民主协商议事与新时代文明实践相结合的氛围布置,社区以新时代文明实践工作为依托,将民主协商议事和精神文明建设有机结合,向居民传递"有事好商量"的协商议事方式和制度。在居民生活分享板块,社区设置了居民微心愿、微建议互动交流区,通过安排网格员定期查看、收集,制定有针对性、符合居民需求的社区服务。这些胶片形式的表述,展示了社区组织开展的一些群众性文化活动图片资料,后期社区将通过发动类似"家乡美食大比拼"之类的活动,展示居民生活风采。在家风家训氛围宣传墙上,社区将家风家训这一优秀传统道德教育方式融入社区居民的日常生活,通过耳濡目染,实现"以家训促家风、以家风带民风、以民风扬社风",同时定期组织党员群众参观家风家训宣传墙,主动接受好家风好家训的优秀文化洗礼,进一步引导党员群众培育和传承优秀家庭美德,树立良好风尚。(图5.5)

图5.5　水漾花城文明楼道家风家训宣传区域

5.2.1.5 "消防安全"互动体验模块

该模块作为社区安全教育馆的延伸,主要以未成年人为宣传教育对象,普及消防安全知识。社区在这里设置了两个Q版消防员形象,提升趣味性和互动性,吸引未成年人的关注。通过设置生活中常见的消防器材和消防安全标识,展示消火栓、灭火器的使用方法,普及消防安全知识,增强消防安全意识。目前,社区安全教育馆已成为御窑小学校及玉成实验小学校的安全教育实践基地,社区定期组织学生参观,增强学生的安全意识,增加学生的安全知识,同时也让"文明"深入学生。

5.2.1.6 文明素养提升区域

这个区域主要是对文明行为、文明理念的普及和传播。通过"社区是我家,情系你我他"的宣传,倡导夫妻、邻里、亲朋好友等各类关系之间的和谐文明相处之道。社区相信,久而久之的宣传、倡导一定会在潜移默化之中产生正向的影响。社区的右手边,是文明社区建设理念和文明养犬注意事项的展示,通过日复一日的宣传引导,营造"讲文明树新风"的良好氛围,推动居民文明素养和社区文明程度的提升。

除了"文明楼道"的基础硬件建设外,社区还积极组织联合辖区资源，开展"义诊进楼道""阅读在身边"等便民服务活动，以全国文明城市创建为契机，聚焦居民公共生活"最小单元"，打通与居民群众的"最后一公里"，同时大力宣传落实文明楼道建设专项行动，携手小区居民，在家门口见证"推窗见风景，美在方寸间"的文明蝶变。(图5.6)

图5.6 水漾花城文明楼道居民生活分享区

5.2.2 样板公共晾晒区——依云水岸社区

依云水岸社区辖区内有多个搬迁安置小区，居民大多有晾晒的习惯，但小区当前专门晾晒场地不足，且缺乏统一的晾晒规章制度和监督机制，从而造成过多不文明的室外晾晒行为，导致小区绿化破坏，影响小区整体风貌和文明城市建设进程，给社区环境治理带来消极影响。因此，小区居民的人文素养与社区整体风貌不相匹配，居民生活习惯固化，落实文明公约积极性较低。

对此，社区治理将"硬支撑"和"软实力"相结合，把文明公约作为居民间的情感纽带，倡导遵守公约的文明风范。在元和街道文明创建及新时代文明实践有关部门的引导和协助下，依云水岸社区围绕"自治有力、法治有序、德治有效"的目标，以"红社"工作法开展协商治理，以"如何破解拆迁安置小区居民晾晒混乱问题"为议题，搭建议事平台，组建守护联盟，在晾晒场地、晾晒方式、晾晒督导等方面积极协商，有效改善和解决小区晾晒不文明问题，形成"文明晾晒公约"，最后以居民代表大会签名认可、相关部门审核通过的形式，因地制宜制定具有社区特色的居民公约，将晾晒场地和公约升华为联结居民情感的纽带，以激发居民社区建设的共识和积极性，提升居民社区责任感和主人翁意识，促进和谐共融，打造"依家亲"议事平台品牌，提炼党建引领下社区治理和可持续操作路径，深入推进"三治融合"新时代基层社会治理体系。

社区在推进设立"文明晾晒"专区的过程中，创新性地使用"红社"协商工作法，促进社区民主协商多元参与。一是依托先锋机制，加强党建引领。确立一个工作方案、一个议事体系、一个议事平台、一份议事清单、一套议事制度、一种决策方法、一套监督机制的工作流程计划。二是营造红韵生态。搭建居民公共活动参与路径，建造社区居民行动意识，营造邻里互助社区文化，打造民主协商社区生态；挖掘社区领袖，培育社区志愿组织，促进民主协商多元参与；孵化民主协商型自治组织，从社区组织召集居民议事到孵化社区组织参与社区管理，如议事会小组。三是扬动尖兵力量。发扬五社联动力量、共治服务力量、文明实践阵地先锋力量等辖区资源，促进社区民主协商多元参与。

5.2.2.1 "文明有我"社情民意聚心声

根据文明城市创建、城市管理等相关要求，社区协同社会组织梳理出文明晾晒的具体要求，通过线上线下问卷调查、访谈，每个小区调研200名左右居民在晾晒场地、数量、相关功能区、形式、材质等方面具体的需求及建议，并根据晾晒现状与问题，最终形成调研总结。

5.2.2.2 "文明晾晒，我有妙招"推进会

创新"红社"工作法，组建包含物业、社区、党员骨干、社会组织、居民代表、基层治理队伍等相关人员和组织的文明晾晒守护联盟，强化"依家亲"议事平台的作用。同时，社区在明确文明晾晒治理的共识和参与问题后立即开展推进会，倡导文明晾晒内容和方式，梳理出"文明晾晒"行为内容，并结合相关部门日常工作内容不断推进，进一步使"文明晾晒"理念深入居民心中。

5.2.2.3 "民主协商"促共治共融

在"红社"工作法下,社区依托先锋机制、营造红韵生态、扬动尖兵力量,协同多元主体围绕文明晾晒问题打造民主协商社区生态,促进民主协商多元参与。

通过多次民主协商会和楼栋居民代表意见征集活动,小区居民明确公共活动参与路径,提升行动意识,营造邻里互助社区文化,将个人晾晒行为上升到公共区域文明行为、个人需求满足上升到全局考虑,更是以长远眼光互相约定:还回儿童乐园广场,共同打造有颜值的小区公共环境。

值得一提的是,居民代表们能够协同社区,将文明晾晒意见征求表带到居民家中,更是建议文明晾晒也要践行社会主义核心价值观,将睦邻互助、尊老爱幼列入未来公约内容。

5.2.2.4 "文明晾晒,共建家园"展现社区动力

按照文明公约制定的晾晒场地、功能区改造、晾晒工具等要求,开展联动建设活动,并结合联席会内容跟进和优化。设置不同的晾晒区域,展示不同的区域风格,打造文明晾晒氛围。

以社区"五好家庭""党员先锋""文明居民积分"等为抓手,调动租户、新苏州人、党员、居民骨干、共建单位、社区社会组织、社区志愿者等积极参与督导活动。

发动、引导社区居民签写居民公约承诺书,并由党员、居民骨干、警务室人员等具有一定社区影响力的人员组建居民公约"守护队伍",带动周围居民参与实施居民公约内容,促进居民公约在居民之间的快速传播和内化,最终形成情感纽带。

5.2.2.5 深化文明实践成果,提升样板引领成效

充分利用晾晒功能区空间,延伸到其他物品的晾晒,以楼栋为单位,开展文明晾晒大比拼、晾晒成果展示、晾晒文明披露等活动,引导居民从楼栋荣誉感上升到小区荣誉感,强化文明晾晒服务阵地。

结合文明晾晒功能区的不同风格,开展社区亲子文化主题活动,引

导亲子家庭探讨文明健康生活方式,相互交流健康生活、健康育儿、文明晾晒等知识,营造社区家庭教育文化氛围,提升文明晾晒服务阵地功能。

强化功能区便民生活服务阵地,通过开展品茶、鉴赏书香、节日茶话会等活动,增强维护和保持清洁的意识,促进文明晾晒服务阵地的可持续性。

以众泾家园小区为例,小区根据楼栋数量,设置了7个文明晾晒专区,6个公共晾晒区已经安装了50根长款的晾衣架,同时打造1个敬老爱老主题晾晒区,以楼道为单位不断征集居民的生活需求和优化建议,并即时开展民主协商会。此外,社区在社会组织营造晾晒专区文明氛围、征集和制定文明公约、开展文明晾晒主题活动,以强化阵地建设,在倡导睦邻友好的同时,联合社区文艺组织将文明晾晒公约形成趣味性、便民性的民曲,促使文明公约更好地融入居民生活,打造文明晾晒友好生态。

社区在整个项目实施过程中按照项目计划有序开展志愿服务活动8次以上,招募志愿者15人以上;累计开展34次文明实践活动,总参与人次500以上;以点线面的形式、不同人群的深度参与来扩大居民参与。

样板点位引领下的街道创建成效

5.3.1 推动全街道创建成效提升

元和街道以建设文明城市创建样板点位为契机,在街道范围内各社区、各条线复制成功经验,提升创建水平。同时充分利用"美丽元和"政务微信公众号、"高新之声"宣讲团等各类媒介,宣传典型做法与文明事迹,在整个街道范围内奋力营造向上向善向文明的浓厚氛围。

元和街道以样板点位为切入点,进一步深入剖析,拿出最负责的态度、最务实的状态,做好创建文章,持续提升城市颜值和内涵。一是注重远与近的结合。围绕人居环境、公共秩序等城市治理重难点，把创建工作和全区城市治理专项行动、街道全民大扫除等重点工作有机结合，减少"暴露垃圾"和清扫盲点，加大对违停、违建、违规广告等的巡查处置力度，持之以恒实施市民文明素养提升工程，以当下的形象美化，实现长久的气质提升。二是注重基础与亮点的结合。在夯实基础上下功夫，不断补齐基础设施建设短板，进一步打造商超、公园、农贸市场创建样板，扎实推进文明楼道工程，做到亮点复制转化，提升全域创建水平，赢得市民群众好口碑。三是注重点与面的结合。聚焦创建工作中的薄弱环节、痛点堵点，继续深入开展小区整治、小餐饮整治、公益广告规范等专项攻坚行动，按照指标体系点滴突破，以一隅谋全局，项目化推进文明城市常态、长效建设。

在街道全体人员的共同努力下，2021—2022年元和街道在市、区文明办文明城市创建实地考察方面的成绩稳步提升，位列全区前列（表5.1、表5.2）。

表5.1 2022年相城区文明办文明城市创建第三方实地考察元和街道测评结果

期数	全区整体得分	街道得分	区级名次
2022年第一期	85.13	81.72	10
2022年第二期	80.19	80.66	11
2022年第三期	91.07	83.39	6
2022年第四期	92.68	97.21	5

表5.2 2021—2022年苏州市文明办文明城市创建专班实地考察相城区各街道测评结果

街道、乡镇	名次	2021年01期得分	2021年02期得分	2021年03期得分	2022年01期得分	2022年02期得分	平均得分
北河泾街道	1	94.86	94.97	92.65	91.64	95.88	94.00
漕湖街道	2	93.94	89.70	94.18	90.68	92.55	92.21
元和街道	3	96.02	91.58	92.74	87.85	90.89	91.82
望亭镇	4	94.79	92.56	87.74	90.14	92.95	91.64

续表

街道、乡镇	名次	2021年01期得分	2021年02期得分	2021年03期得分	2022年01期得分	2022年02期得分	平均得分
阳澄湖镇	5	93.10	95.50	95.72	85.48	88.05	91.57
渭塘镇	6	90.93	91.72	92.99	91.11	90.35	91.42
北桥街道	7	90.84	89.52	94.61	89.20	90.67	90.97
黄埭镇	8	93.25	91.27	92.92	88.72	88.01	90.83
黄桥街道	9	87.83	93.71	92.69	88.70	90.03	90.59
澄阳街道	10	92.93	90.69	88.39	88.65	91.97	90.53
太平街道	11	88.93	91.02	94.62	89.72	86.18	90.09
整体平均分		92.49	92.02	92.66	89.26	90.68	91.42

5.3.2 推动全街道开发自身特色与品牌

5.3.2.1 践行协商为民，提升治理力量

协商民主是党领导人民有效治理国家、保障人民当家作主的重要制度设计。党的二十大报告强调，"要全面发展协商民主"，这是新时代中国特色社会主义协商民主建设的战略任务和基本路径。协商民主项目以"服务群众"为最终落脚点，元和街道以建设文明城市创建样板点位为契机，鼓励各社区推行协商民主，民生服务无小事，一枝一叶总关情，通过协商民主项目，解决一桩桩民生小事，不仅仅让居民有参与感、获得感和幸福感，更是让居民养成参与式协商、参与式实施和参与式监督的习惯。

通过对社区一对一咨询和品牌诊断，对各社区的协商民主项目进行品牌设计支持和品牌框架搭建，尊重社区的差异性，挖掘社区的独特性。比如元和之春社区的元嘉学堂、华辰嘉园社区的华辰集、康桥花园社区的折叠楼道、绿色时光社区的"下YI站"、华元家园社区的"三元三园，志愿庆元"、香城花园社区的"以梯为媒，享乘香城"、绿色时光的"便捷'靓'晒"、朱巷社区"老来巷往"等。通过社区协商品牌的框架设计、标识设计、内涵赋予，共同构成相城高新区（元和街道）社

区治理品牌矩阵。

通过"全覆盖、全链条、全支持",产生 28 个社区多类多型议题,生成 28 幅协商实践图景,贡献 28 个协商解决方案。通过 28 个社区的社区工作者们的深度参与,厚植了协商的意识、参与的意识和治理的意识。28 个社区多元主体的参与,构建出焦点联片、资源联动、成果联享的生态型治理格局。

相城高新区(元和街道)社区协商民主实践之路既是一个广纳群言、广集众智、广求良策的过程,也是一种及早发现问题、及时改正错误、切实规避失误的机制探索。实行和发展协商民主,引导多方主体在社区治理领域中实践各美其美、美美与共,共同书写和传续"元式"协商,奏响社区"和"美之曲。

5.3.2.2 提升居住品质,归还公共空间

以全国文明城市创建工作为契机,元和街道集中力量推进小区公共空间违法建设及"十乱"现象等治理行动,对标治理年度任务清单、重点项目清单,集中解决了一批有碍公共空间居住品质、侵占公共空间的重难点违法建设及"十乱"现象。各社区根据自身特点,推进了一批公共空间专项整治提升行动,以样板点位建设工作,推进街道范围内各社区、条线根据自身特色开发品牌项目。诸如水漾花城社区以楼道为单位,不断征集居民的进一步需求和优化建议,并即时开展民主协商会,设立"文明晾晒"专区;建元社区经第三方社会组织与各方协商生成《小区僵尸非机动车整治方案》,并通过业主代表大会,明确小区内非机动车综合治理方案;等等。

坚持"自主整改为主,依法强制为辅"的原则,在整个整治行动中,执法人员多次约谈当事人、召开协商会议,讲危害、讲法律,彰显决心和力度,明确整改时间节点。整治过程中,执法人员敢于动真碰硬,坚持依法整治,取得了明显成效。同时,加强整治"回头看",开展巡查工作,巩固治理成果,有效防止"反弹回潮",切实提升公共空间形象和品质。

第 6 章 竞标与竞争：全国文明城市评选促进城市基本公共服务均等化的机制研究

推进基本公共服务均等化是实现共同富裕的重要路径。国家先后颁布了《"十三五"推进基本公共服务均等化规划》《"十四五"公共服务规划》《国家基本公共服务标准（2021 年版）》等文件，为基本公共服务均等化构建了坚实的制度基础。近年来，我国基本公共服务均等化有了明显的进步，但也存在显著的地区差异。为了提升基本公共服务均等化水平，各地方政府虽然采取了优化财政资源配置、加大转移支付、加快城镇化、提升居民收入、适度化的公众参与等策略，但这些策略主要依赖转移支付。有学者指出转移支付也可能加深均等化差距[①]，它的效果难以保证。在城市基本公共服务均等化的过程中，过于依赖转移支付只能授人以鱼，不能授之以渔。所以，当前的关键问题不在于基本公共服务"是否"要实现均等化，而在于"如何"实现均等化。完善治理体系和提升治理能力是促进城市基本公共服务均等化的根基和政治保障，构建常态化的推进基本公共服务均等化的治理机制势在必行。

党的二十大报告强调，推进基本公共服务均等化的主体是地方政府。推进城市治理现代化，提升地方政府的治理能力可以建立整合的公

---

① 曾红颖. 我国基本公共服务均等化标准体系及转移支付效果评价 [J]. 经济研究，2012，47（6）：20-32，45.

共服务供给机制，匹配供给与民众需求，实现政府与社会供需共治。全国文明城市评选是具有中国特色的一项城市治理机制，它秉持"人民城市人民建、人民城市为人民"的理念，通过扎实的创建活动，营造廉洁高效的政务环境、民主公正的法治环境、公平诚信的市场环境、健康向上的人文环境、有利于青少年健康成长的社会文化环境、舒适便利的生活环境、安全稳定的社会环境、可持续发展的生态环境。它的多项创建评估指标与城市基本公共服务均等化有关，是一项具有"中国之治"基因的民生工程。作为一项整合程度最高的民生工程，它应当能为城市基本公共服务均等化提供制度支撑和实践支持，促使城市投入财政资源加强基础设施建设，进行城市更新，更好地服务民生，达到中央文明委的考核标准要求。然而，令人意外的是，有学者研究发现全国文明城市评选会导致城市公共服务滞后[①]，地价上升，增加居民生活成本[②]，并没有显著的民生效应。但也有部分研究表明全国文明城市评选对企业减排、城市绿色全要素生产率有积极影响，能促使地方政府提高包括教育、医疗、文体、交通和环境在内的公共服务供给水平，为居民提供更好的生活环境。整体而言，尽管政府部门一直宣传全国文明城市评选是一项民生工程，但它对城市基本公共服务均等化的影响仍然需要更多的证据支撑。此外，全国文明城市创建是一项竞争示范性工程，中央文明委期望部分城市能紧跟获得"全国文明城市"荣誉称号的城市，强化基本公共服务供给，产生空间溢出效应。

为此，下文的研究应用行政竞标和政府竞争理论，剖析全国文明城市评选对城市基本公共服务均等化的影响，并且以全国地级市为样本，利用倾向得分匹配—双重差分模型（PSM-DID）和空间杜宾模型，剖析并验证全国文明城市评选对城市基本公共服务均等化的影响，即竞标和

---

① 明雷，黄远标，朱红，等. 全国文明城市评选是"福利"还是"陷阱"？——基于城市旅游业发展视角[J]. 投资研究，2021，40（2）：54-70.
② 姚鹏，张泽邦，孙久文，等. 城市品牌促进了城市发展吗？——基于"全国文明城市"的准自然研究[J]. 财经研究，2021，47（1）：32-46.

竞争效应。下文的研究主要回答两个问题：(1) 全国文明城市评选是否促进了城市基本公共服务均等化，它的内在机理是什么？(2) 全国文明城市评选对城市基本公共服务均等化的促进作用是否存在竞争空间溢出效应？研究的理论边际贡献可能有三点：(1) 通过全国文明城市评选促进城市基本公共服务均等化的影响研究，评估全国文明城市创建工程的民生价值，可以回应理论界和实践界长期关注的"全国文明城市评选究竟是不是一项民生工程"的疑问，论证全国文明城市评选政策的合法性和现实意义；(2) 研究超越财政支出和转移支付的视角，从城市竞标治理的视角分析了夯实城市基本公共服务均等化机制的问题，有助于城市构建可持续发展的推进城市基本公共服务均等化的管理机制；(3) 研究丰富了基本公共服务均等化的前因文献，为全国文明城市评选的竞争效应提供了空间实证经验证据，为全国文明典范城市创建的必要性提供了数据支撑。

制度背景与理论基础

6.1.1 制度背景

6.1.1.1 全国文明城市评选

2003年，中央文明委发布了《中央精神文明建设指导委员会关于评选表彰全国文明城市、文明村镇、文明单位的暂行办法》，在全国范围内正式启动全国文明城市评选工作。2004年，中央文明委发布了《全国文明城市测评体系（试行）》，指出全国文明城市是经济建设、政治建设、文化建设、社会建设、生态文明建设全面发展的城市。全国文明城市评选有三个核心特征。第一，地位高。评选工作由中共中央宣传部分管。近年来，很多省市将全国文明城市创建的成绩纳入对地方政府考核的高质量评选体系中，且占比权重较高。第二，测评内容广泛且动态更新。全国文明城市评价指标和标准每年都会动态更新。第三，"全国文明城市"称号不实行终身制。依据"三年一大考，每年都小考"的原则，中央文明办要求各城市构建提升城市文明的常态化和长效化机制，经常会有部分城市因为没有通过复审而被摘掉荣誉称号。截至 2020 年，全国省会城市、副省级城市和地级市获得"全国文明城市"荣誉称号的数量由 2005 年的 8 个增加到 2020 年的 130 个。

当前，多数城市在努力获得或保持"全国文明城市"荣誉称号的同时，响应中央文明委的号召，加快建设新时代文明实践中心、所等载体，创建全国文明典范城市。

6.1.1.2 基本公共服务均等化

为了推进基本公共服务均等化，国家颁布了《"十三五"推进基本公共服务均等化规划》等文件，它的管理历经了制度构建、兜底和优化阶段①。理论界对基本公共服务均等化的研究主要有结果和机会均等两种框架，主要是要确保居民享有的基本公共服务水平大致相等②。提供基本公共服务的方式有政府出售、政府间协议、合同承包、特许经营、政府补助、凭单制、志愿服务和自我服务等方式，大致分为政府、市场和第三部门供给渠道。理论界认为应当主要用基本公共教育、基本医疗卫生、基本社会保障、基本交通通信服务、基本公用设施和环境保护等指标评价基本公共服务均等化③。当前，中国各城市推进基本公共服务均等化的管理机制还存在诸多问题，主要是推进基本公共服务均等化的动力机制不足、供给机制单一、供给与均等化的决策机制不合理和供给制度不均衡，呈现"强精英性"与"弱参与性"特征。

6.1.2 理论基础

6.1.2.1 行政竞标制

行政竞标制主要是指中央部委为了实现某个领域的治理目标，设置

---

① 袁威. 基本公共服务均等化的政策逻辑与深化：共同富裕视角［J］. 中共中央党校（国家行政学院）学报，2022，26（4）：56-63.
② 姜晓萍，康健. 实现程度：基本公共服务均等化评价的新视角与指标构建［J］. 中国行政管理，2020（10）：73-79.
③ 康健，姜晓萍. 基本公共服务均等化实现程度：评价要素与维度［J］. 上海行政学院学报，2020，21（2）：28-34.

各类表彰荣誉称号,设计评选指标和考核门槛,鼓励城市依据自身政治、经济、文化等方面的特征,自愿参与荣誉称号的申报与评选工作。城市达到考核标准后,中央部委给予相应的荣誉称号,但荣誉称号不搞终身制,而是进行动态化管理,对于复核没有通过的城市,荣誉称号将会被取消。行政竞标制具有适用范围广、强调正向激励和动态管理等特征,尽管中央部委不会强制地方参与表彰荣誉项目,但由于巨大的政治激励效应,所以受到广泛的关注。

6.1.2.2 政府竞争理论

政府竞争是理解中国城市治理模式的重要视角,是理解中国地方政府行为和发展动力的主要理论视阈[①]。它起源于西方的财政分权理论,被广泛应用于经济发展和公共服务的相关研究中。政府竞争理论认为地方政府是官员与市民的博弈空间,政府官员为了获得市民的认同和选票,地方政府须实施制度创新,提升市民福利。在中国,它逐渐衍生出为"增长而竞争"的政府竞争流派。"为增长而竞争"流派认为在中国情境下,中央通过政治权力集中与经济分权,驱使地方官员为政治晋升而开展"标尺竞争"。标尺竞争是指上级政府会根据一套标准化的绩效标准进行比较并评估地方政府,这些标准包括公民满意度等指标。标尺竞争更多的是自上而下发动的竞争,涉及上下级政府间关系,主要手段是自上而下的排名,强调竞争成效的比较。标尺竞争往往会产生空间溢出效应,呈现出空间自相关性。空间自相关性的主要原因是地方政府会采取相似的策略竞争,表现为竞相降低税率、加大财政支出等,其原因是技术溢出及模仿学习效应。在标尺竞争的框架下,政府经常会主动采取措施与潜在竞争对手展开竞争,以充分收割先行者的优势,或者通过某种创新维持现有地位。

---

① 郭栋,胡业飞. 地方政府竞争:一个文献综述 [J]. 公共行政评论,2019,12(3):156-173,193-194.

6.1.3 理论模型

在行政竞标制看来，为了获得"全国文明城市"荣誉称号，城市必须提高基本公共服务供给水平，达到行政竞标制的要求，并将基本公共服务均等化作为长期战略来抓。从政府竞争的视野来看，邻近城市的"全国文明城市"荣誉称号会给自己所在城市带来竞争压力，同时，如果邻近城市的公共服务供给水平比较高，而自己城市的供给水平比较低，则不利于城市广泛吸引人才与投资，也会形成竞争压力，从而提升基本公共服务的供给水平。整合两个理论视角，本小节的研究框架见图6.1：

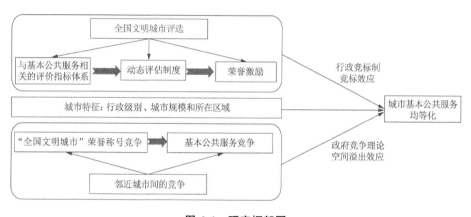

图6.1 研究框架图

全国文明城市评选影响城市基本公共服务均等化机制的理论分析

6.2.1 竞标效应：全国文明城市评选对城市基本公共服务均等化的直接影响

对于地方政府参评全国文明城市而言，行政竞标制首先要求各城市在相关指标方面能达标。全国文明城市创建有助于提升城市基本公共服务均等化，最直接的原因就是全国文明城市评选的多项指标与城市基本公共服务均等化有关。在全国文明城市评选指标体系中，与幼有所育和学有所教相关的基本公共服务均等化指标有义务教育公办与民办结构合理、实行免试就近入学、随迁子女等困难学生受教育权利要得到有效保障等。与劳有所得相关的指标有健全工资合理增长机制、提高低收入群体收入等。与病有所医相关的有个人卫生支出占卫生总费用的比例小于或等于28%、辖区人均预期寿命大于或等于77.7岁等。与老有所养相关的指标有健全基本养老、基本医疗保险筹资和待遇调整机制，健全分层、分类的社会救助体系等。与弱有所扶相关的指标有扩大公益性岗位安置，帮扶残疾人、零就业家庭成员就业，健全残疾人关爱服务体系和帮扶制度等。与优军服务保障相关的指标有落实优抚政策、退役军人失业率低于城市调查失业率等。与文化服务保障相关的指标有确保财政公共文化投入与地方经济社会发展水平相适应，经常参加体育锻炼人数占比大于或等于37.2%等。此外，全国文明城市创建评价指标中还有交通管理、环境管理与质量（河道、PM2.5、垃圾分类）、市容市貌、志愿服务、医疗宣传教育、科普活动、农贸市场、食品安全、社区环境与设施、消防、无障碍设施、便民市场、环境整洁（空气质量）、旅游集散中心（景区景点、公园）等指标与基本公共服务均等化相关，且这些领域都有明确的标准要求，如人均公园绿地面积大于或等于12平方米或逐年提升，人均体育场地面积大于或等于2.3平方米，建成区公共卫生间设置密度大于或等于4座/平方千米等。

全国文明城市评选对涉及重大民生相关的事故还实施负面清单制度，对重大的污染、食品安全、侵犯劳动者合法权益实行动态扣分制度。最为关键的是全国文明城市创建具有一套长效化的动态评估机制，这也是行政竞标制能够发挥功效的前提。在被授予"全国文明城市"荣誉称号之后，各城市还要接受中央文明委定期且严格的复查，而且中央文明委会依据党和国家的发展战略持续动态上调相关指标的考核标准。例如，对于城市民生服务类指标，随着国家对民生服务越来越重视，又增加了15分钟服务圈的建设，增加了对环境类指标的考核要求。长效动态化的评估机制会促使地方政府摆脱短期迎评视野，采取长效措施促进城市基本公共服务均等化。综合而言，达标和动态竞标的考核机制会促使参评城市动态满足群众基本公共服务需要、扩大并优化配置各类服务资源、持续推动基本公共服务供给方式创新[1]。总之，中央文明委设计的一系列《全国文明城市测评体系》将促进城市基本公共服务均等化的战略规划与目标分解为具体的考核指标，以荣誉称号为奖励，通过指标测量与动态监管动员各城市加入评选工作，并积极推进城市基本公共服务均等化。据此，提出以下假设：

假设1：全国文明城市创建能够提升城市基本公共服务均等化。

6.2.2 竞争效应：全国文明城市创建对城市基本公共服务均等化的空间溢出影响

经济发展较为缓慢，基础设施不完善的城市，参与全国文明城市评选的压力会很大。而且中央文明委强调正向激励，只是倡议地方政府申报文明城市评选。地方政府不参与评选，也不会受到惩罚。但由于有着巨大的荣誉激励和政治激励，事实上的文明城市评选存在着比较激烈的竞争，这正是政府竞争中标尺竞争的经典场景[2]。竞争的压力来源主要有上级部门的考核压力、群众的期望和邻近城市的压力。例如，部分省份将全国文明城市评选纳入高质量考核指标体系，这会给不参与全国文明城市创建的城市带来压力。同时，对于城市主政官员而言，如果邻近城市已经申报并获得"全国文明城市"荣誉称号，而自己所在城市不积极参与申报，社会民众会认为城市主政官员的工作积极性和能力不足。此外，邻近城市的压力也会较大，如在某省的全国文明城市创建过程中，某市发现全省已有多个城市获得"全国文明城市"荣誉称号，上级部门也经常表扬其他城市。在邻近城市竞争压力之下，没有获得"全国

---

[1] 李实，杨一心. 面向共同富裕的基本公共服务均等化：行动逻辑与路径选择[J]. 中国工业经济，2022（2）：27-41.

[2] 刘松瑞，王赫，席天扬. 行政竞标制、治理绩效和官员激励——基于国家卫生城市评比的研究[J]. 公共管理学报，2020，17（4）：10-20，164.

文明城市"荣誉称号的城市也开始参与创建工作。在这三种压力的驱使下,邻近城市为了参与后期的全国文明城市评选,也会提升城市基本公共服务均等化,以求后期能够达到中央文明委的要求,即在邻近城市通过提升基本公共服务均等化的举措并获得"全国文明城市"荣誉称号的竞争示范情形下,本地城市也趋向于逐渐提升基本公共服务均等化,特别是在经济差距不明显的情形下。

地方政府在提供基本公共服务方面也同样面临竞争问题,基本公共服务均等化的竞争主要源于两个方面的压力——上级政府考核(标尺竞争效应)和城市自身发展的需要。为了增长而竞争是政府竞争理论的核心命题,为高质量发展而竞争是当代中国城市面临的最重要议题。高质量发展的关键支撑是知识、技术、信息、数据等要素,这些要素主要内嵌于人才大脑中,人才是城市高质量发展的基石。为人才而竞争逐渐成为地方政府间竞争的一种新方向。而研究表明,公共卫生服务有效供给的竞争行为可以帮助城市达到"抢人"的目的[1]。城市公共服务集聚也会对较高文化程度、较高技能水平的人才产生吸引力。例如,有学者指出,人才流向某个城市,不仅仅是为更高的工资水平,更是为了享受更优质的基础教育和医疗服务等公共服务[2]。换言之,对于拟快速发展的城市而言,它必须更好地推进基本公共服务均等化政策,以吸引更多的人才、劳动力;对于发展较慢的城市而言,它必须更快地推进基本公共服务均等化,避免人才和劳动力的流失,失去可持续发展的基础。为此,各城市会在公共服务供给方面展开竞争,避免处于弱势地位。公共服务供给之间的竞争得到了部分研究的支持。相关研究显示,在经济增长目标约束下,地方政府会扩大基本公共服务支出规模,且政府间的竞争会强化这种效应。"见贤思齐""力争上游",地方政府间的竞争会促

---

[1] 程晓丽,夏怡然. 为"抢人"而竞争——基于地方政府公共卫生服务的有效供给研究[J]. 南方人口,2022,37(4):36-48.
[2] 夏怡然,陆铭. 城市间的"孟母三迁"——公共服务影响劳动力流向的经验研究[J]. 管理世界,2015(10):78-90.

使地方政府加强公共服务供给,为促进基本公共服务均等化提供了现实可行的路径选择。概而言之,邻近城市是全国文明城市,公共服务供给比较好,会间接地促进本地城市加快推进城市基本公共服务均等化,而邻近城市的基本公共服务均等化也会直接影响本地城市加快推进城市基本公共服务均等化。据此,提出以下假设:

假设2:邻近城市获得"全国文明城市"称号会促进本地城市创建全国文明城市;

假设3:邻近城市获得"全国文明城市"称号会影响本地城市的基本公共服务均等化水平;

假设4:邻近城市的基本公共服务均等化水平会影响本地城市的基本公共服务均等化水平。

6.3 全国文明城市评选影响城市基本公共服务均等化机制的实证研究设计

6.3.1 研究思路

截至2022年,全国文明城市评选已经进行了6个批次,包含2005年的第一批次、2009年的第二批次、2011年的第三批次、2015年的第四批次、2017年的第五批次与2020年的第六批次。本节的研究思路如下:第一,以地级市为研究对象,剔除所有县级市与直辖市;第二,考虑到城市数据的可得性,将研究时间固定在2003—2018年,以2005年、2009年、2011年、2015年和2017年5批共102个地级市为实验组,其他未获得"全国文明城市"称号的177个地级市作为对照组。

6.3.2 模型构建

本节将文明城市评选当作一项准自然实验,利用双重差分方法,考察全国文明城市评选是否能促进入选城市的基本公共服务均等化水平。

考虑到文明城市评选具有多个批次，因而参考姚鹏等[①]和朱金鹤等[②]的研究方法，以政策在不同城市间实施的时序差异来构建多期双重差分模型，并控制城市与年份的双向固定效应。设置基准回归模型如下：

$$ps_{it} = \beta_0 + \beta_1 civi\_city_{it} + \alpha X_{it} + \mu_i + \delta_t + \varepsilon_{it} \quad (1)$$

其中，ps_{it} 表示城市的基本公共服务均等化水平；$civi\_city_{it}$ 表示城市 i 在 t 年是否当选为全国文明城市，城市 i 当选为全国文明城市的当年和此后各年取值为1，否则为0，产生处理组和对照组；X_{it} 代表其他控制变量；μ_i 为城市固定效应；δ_t 为时间固定效应；ε_{it} 为随机干扰项。通过对模型（1）进行估计得到的系数 β_1，表示入选全国文明城市对城市基本公共服务均等化的影响。

6.3.3 变量选择与数据说明

本节选取 2003—2018 年 279 个中国地级市的面板数据，数据主要来自《中国城市统计年鉴》，在数据处理过程中剔除了行政区划前后不一致及数据缺失严重的城市，其中少数缺失数据通过插值法进行填充。具体变量如下所示。

6.3.3.1 被解释变量

本节的被解释变量为城市的基本公共服务均等化水平（ps），本节通过获取研究对象在 2003—2018 年公共服务、基础设施、生态环境三大维度共 17 个指标的数据，通过熵权法将各项子指标整合成一个综合指标，具体指标见表 6.1。鉴于具有客观赋权的优势，熵权法被广泛用于衡量子指标在总指标中的相对重要性。子指标的权重大小和子指标的数值分布呈正向关系，若一个指标的组内数值差异较大，则表明相较于其他子指标，该指标在总指标中所占权重较大；反之，组内数值差异较

[①] 姚鹏，张泽邦，孙久文，等. 城市品牌促进了城市发展吗？——基于"全国文明城市"的准自然实验研究 [J]. 财经研究，2021，47（1）：32-46.

[②] 朱金鹤，王雅莉，侯林岐. 文明城市评比何以促进劳动力流入？——来自地级市的准自然实验证据 [J]. 产业经济研究，2021（3）：43-56.

小则权重较小。具体步骤如下：① 假设有 m 个地级市，n 项评价指标，基于研究对象构建相应的指标评价体系，进一步整理成矩阵形式，且对其进行标准化处理，矩阵如 $R=(r_{ij})_{n\times n}$ 所示；② 对每个指标进行同度量化处理，并且得到每年第 j 项指标 i 个地级市的权重大小，具体公式为 $p_{ij}=r_{ij}\Big/\sum_{i=1}^{m}r_{ij}$；③ 通过公式 $e_j=-k\sum_{i=1}^{m}p_{ij}\ln p_{ij}$ 得到上述第 j 项指标的熵，用 e_j 表示，该指标的熵越高，表明指标内部数值的差别越小，重要性就越低；其中 $k>0$，$\ln$ 为自然对数，$e_j \geq 0$。如果 r_{ij} 对于给定的 j 指标全部相等，那么 $p_{ij}=r_{ij}\Big/\sum_{i=1}^{m}r_{ij}=1/m$，此时 e_j 取极大值，若如 $e_j=-k\sum_{i=1}^{m}\dfrac{1}{m}\ln\dfrac{1}{m}=k\ln m$ 所示，若设 $k=1/\ln m$，则会有 $0 \leq e_j \leq 1$；④ 基于 $a_j=1-e_j$ 得到第 j 项指标的差别性系数，进一步按照 $g_j=a_j\Big/\sum_{j=1}^{n}a_j$ 得到权重；⑤ 根据 $y_i=\sum_{j=1}^{n}Z_{ij}g_j$ 计算得出基本公共服务均等化的指标。

表 6.1 基本公共服务均等化评价指标

一级指标	二级指标	单项指标	计算方式
公共服务	基础教育指数	小学义务教育	小学教师人数/小学学生数
		中学师生比	初中教师人数/初中学生数
	医疗卫生指数	卫生机构床位数	人均卫生机构床位数
		卫生人员数	人均卫生人员数
		医疗卫生机构数	人均医疗卫生机构数
	社会保障	养老保险	人均基本养老保险参保人数
		失业保险	人均基本失业保险参保人数
		医疗保险	人均基本医疗保险参保人数
	科技文化指数	科学技术	每万人公共财政科学技术支出
		社会文化	图书馆人均藏书量

续表

一级指标	二级指标	单项指标	计算方式
基础设施	公共交通指数	交通基础设施	每万人年末实有城市道路面积
		主要公共交通	每万人年末实有公共汽车营运车辆数
		补充公共交通	每万人年末实有出租车汽车数
	信息通信指数	传统信息通信	每万人固定电话年末用户数
		现代化信息通信	每万人国际互联网用户数
生态环境	绿色环境指数	城市绿化	建成区绿化覆盖率
		居民生活环境	人均园林绿地面积

6.3.3.2 核心解释变量

本节的核心解释变量是城市是否入选文明城市（$civi\_city_{it}$）。该变量的认定方法如下：在一个城市得到中央文明委的认可，进入全国文明城市名单之后的年份 $civi\_city_{it}$ 设定为 1，对于从未入选的城市和未入选的年份 $civi\_city_{it}$ 设定为 0，如果城市在经过复核后失去全国文明城市的资格，那么该城市在失去资格之后年份 $civi\_city_{it}$ 也为 0，直至其重获全国文明城市的资格。

6.3.3.3 控制变量

参考张德钢等①的研究，本节选择影响基本公共服务均等化的因素作为控制变量，在回归分析过程中加入了 3 个控制变量：人均地区生产总值（lnpgdp）、金融发展水平（fin）、城镇化率（urbanpop）。金融发展水平（fin）采用年末金融机构存贷款余额占地区生产总值的比重来衡量；城镇化率（urbanpop）采用城镇人口除以总人口来衡量。

其中，各变量的描述性统计结果见表 6.2。

---

① 张德钢，郭皓皓，陆远权. 财政透明度对基本公共服务均等化的影响研究［J］. 宏观经济研究，2021（11）：5-16，111.

表 6.2 各变量的描述性统计结果

变量类别	变量名称	Mean	Std. Dev	Min	Max	Obs
被解释变量	城市基本公共服务均等化水平（ps）	0.090	0.076	0.014	0.888	4,442
核心解释变量	是否被评选为全国文明城市（civi_city）	0.129	0.335	0.000	1.000	4,442
控制变量	人均地区生产总值（lnpgdp）	10.097	0.900	6.638	13.185	4,442
	金融发展水平（fin）	1.242	1.117	0.075	24.800	4,442
	城镇化率（urbanpop）	0.363	0.193	0.017	2.143	4,442

6.4 全国文明城市评选对城市基本公共服务均等化影响的竞标效应实证分析

6.4.1 平行趋势检验

双重差分模型使用的重要前提是实验组与对照组在政策实施之前有相同的变化趋势。本文借鉴陈晨等学者[①]的处理方法，用城市在认定为全国文明城市的前两年和当年来构造时间哑变量并纳入回归模型，如公式（2）所示：

$$ps_{it} = \beta_0 + \beta_k \sum_{J=0}^{-2} (DID_{it} \times year\_J) + \sum \alpha X_{it} + u_i + \delta_t + \varepsilon_{it} \qquad (2)$$

其中，$year\_J$ 为政策实施前的时间哑变量，即城市 i 入选全国文明城市前的年数，将虚拟变量和全国文明城市政策变量交乘。由于本节采用的全国文明城市批次包含五批，则相对于 2005 年批次来讲，$year\_0$ 即为 2005 年，$year\_{-1}$ 即为 2004 年，$year\_{-2}$ 即为 2003 年，以此类推。若 $DID_{it} \times year\_J(J<0)$ 的系数估计值不显著，则说明实验组与对照组在政策实施前不存在显著的系统性差异，其他变量与模型（1）中的含义一样。

---

① 陈晨，张广胜. 国家创新型城市政策、高端生产性服务业集聚与地区经济高质量发展[J]. 财贸研究，2020，31（4）：36-51.

为避免批次效应的干扰,本节按照实施批次进行分样本回归(表6.3)。

从表6.3的回归结果可以看出,5个批次的回归模型中时间哑变量与政策差分交乘项的回归系数在政策实施当年之前多数不显著,仅2014年在90%的置信水平下显著,说明政策实施前的实验组与对照组不存在显著差异。因此,全国文明城市的基本公共服务均等化水平在获得荣誉称号前,与未获得此荣誉称号的城市相比,整体上不存在显著差异,即满足双重差分模型的平行趋势假定。

表6.3 平行趋势假设检验

变量(Variable)	2005批次 Model 1	2009批次 Model 2	2011批次 Model 3	2015批次 Model 4	2017批次 Model 5
DID×year_-2	0.007 (0.009)				
DID×year_-1	0.010 (0.008)				
DID×year_0	0.010* (0.006)				
DID×year_1		-0.002 (0.005)			
DID×year_2		-0.003 (0.009)			
DID×year_3		-0.013** (0.006)	-0.004 (0.004)		
DID×year_4			0.001 (0.004)		
DID×year_5			0.015*** (0.002)		
DID×year_6				0.003 (0.003)	
DID×year_7				0.005* (0.003)	
DID×year_8				0.007** (0.003)	0.003 (0.002)

续表

变量(Variable)	2005批次 Model 1	2009批次 Model 2	2011批次 Model 3	2015批次 Model 4	2017批次 Model 5
DID×year_9					0.003 (0.02)
DID×year_10					0.005** (0.002)
Control Vaibable	Yes	Yes	Yes	Yes	Yes
时间固定效应	Yes	Yes	Yes	Yes	Yes
城市固定效应	Yes	Yes	Yes	Yes	Yes
N	694	2926	3131	3234	3346
F	35.749	123.559	193.967	190.331	205.471
R^2	0.545	0.488	0.583	0.57	0.581

注：*、**和***分别表示在10%、5%和1%的显著性水平上显著，括号内数值为稳健标准误。

6.4.2 基准回归结果

由于本节的研究数据通过了上述平行趋势检验，接下来利用双重差分模型探究全国文明城市评选对城市基本公共服务均等化水平的影响。基准回归结果见表6.4。

表6.4 基准回归结果

变量（Variable）	模型1（Model 1）	模型2（Model 2）	模型3（Model 3）	模型4（Model 4）
civi_city	0.030*** (0.002)	0.012*** (0.001)	0.015*** (0.002)	0.013*** (0.001)
lnpgdp		0.011*** (0.001)		0.037*** (0.002)
fin		0.001*** (0.001)		0.005*** (0.001)
urbanpop		0.162*** (0.005)		0.127*** (0.004)
Constant	0.086*** (0.004)	-0.085*** (0.007)	0.071*** (0.001)	-0.306*** (0.014)

续表

变量（Variable）	模型1 （Model 1）	模型2 （Model 2）	模型3 （Model 3）	模型4 （Model 4）
时间固定效应	No	No	Yes	Yes
城市固定效应	Yes	Yes	Yes	Yes
N	4442	4442	4442	4442
F	89.92	70.61	120.004	275.724
R^2	0.1557	0.366	0.316	0.558

注：*、**和***分别表示在10%、5%和1%的显著性水平上显著，括号内数值为稳健标准误。

表6.4报告了多期双重差分模型（1）的回归结果，即全国文明城市评选对城市基本公共服务均等化的影响结果。其中，本节以逐步回归法将政策变量、控制变量依次放入。Model 1与Model 2为未控制时间效应的估计结果：Model 1只放入政策变量并控制城市效应，Model 2在Model 1的基础上加入控制变量。Model 3与Model 4为采用双向固定效应（FE）回归得到的多期双重差分估计结果：Model 3放入政策变量并控制时间效应与城市效应，Model 4在Model 3基础上加入控制变量。表6.4的回归结果初步证实文明城市评选带动了城市基本公共服务均等化水平的提升。从 $civi\_city$ 的估计系数可以看出：无论是否加入控制变量或控制时间效应与城市效应，入选全国文明城市对城市基本公共服务均等化的政策效应均保持1%水平下的正向显著。

6.4.3　稳健性检验

6.4.3.1　倾向得分匹配—断点回归 PSM-DID 检验

双重差分法（DID）方法的前提条件为实验组和对照组在政策实施之前有相同的变化趋势。如果全国文明城市比其他城市更加注重城市的环境污染治理，则本节的基准回归结果便不可靠。因此，为了避免实验组和对照组的变动趋势存在选择性误差并提高两组城市的可比性，可采用 PSM-DID 的方法进行检验。具体而言，将分组虚拟变量对控制变量进行 Logit 回归,得到倾向匹配得分,倾向匹配得分最相近的城市可以作为对照组。但需要注意的是,在进行 PSM-DID 处理之前,必须满足匹配平衡性假设。本节参考逯进等①的研究,用控制变量代表协变量,采用"k 近邻匹配法"($k=4$)进行假设检验。PSM-DID 有效性检验结果见表 6.5,可以发现,匹配后协变量的 t 统计值均不显著,即接受实验组和对照组无系统性差异的原假设,两组城市在匹配之后并未产生明显差异。同时,匹配前后标准偏差的绝对值小于 10%,代表匹配处理是有效的。图 6.2 进一步显示了倾向匹配得分的概率密度。与匹配前的样本相比,最近邻 PSM 匹配后处理组和对照组的倾向评分值的概率密度分布更接近,说明本节的匹配效果较好。因此,表 6.5 和图 6.2 都证明了本节采用 PSM-DID 方法对研究样本进行分析的合理性和可靠性。

表 6.5　PSM-DID 有效性检验结果

Variable	Mean			Test	
	Treated	Control	Bias/%	t	$p>\|t\|$
lnpgdp	9.425	9.373	8.6	0.93	0.355
fin	0.031	0.036	-7.9	-0.49	0.626
urbanpop	0.354	0.356	5.1	0.45	0.653

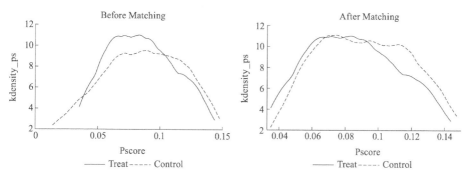

图 6.2　倾向匹配得分的核密度图

---

① 逯进,赵亚楠,苏妍. "文明城市"评选与环境污染治理:一项准自然实验[J]. 财经研究,2020,46(4):109-124.

在满足上述假设的基础上进行 PSM-DID 分析，回归结果见表 6.6，与表 6.4 中的基准回归结果并无明显差异，证明了 PSM-DID 方法的可行性和基准回归的稳健性。

表 6.6 PSM-DID 回归结果

Variable	Model 1	Model 2	Model 3	Model 4
civi_city	0.022*** (0.002)	0.008*** (0.001)	0.009*** (0.001)	0.007*** (0.001)
lnpgdp		0.01*** (0.001)		0.025*** (0.001)
fin		0.001*** (0.001)		0.003*** (0.001)
urbanpop		0.133*** (0.004)		0.108*** (0.004)
Constant	0.077*** (0.001)	−0.069*** (0.005)	0.061*** (0.001)	−0.197*** (0.012)
时间固定效应	No	No	Yes	Yes
城市固定效应	Yes	Yes	Yes	Yes
N	3996	3996	3996	3996
F	205.579	544.698	176.028	324.826

注：*、**和***分别表示在 10%、5% 和 1% 的显著性水平上显著，括号内数值为稳健标准误。

6.4.3.2　安慰剂检验

本节做了两个安慰剂检验：第一，参考林毅夫等[①]的做法，将政策时间提前，通过改变文明城市入选时间来构造反事实检验，以全国文明城市获评前的 2~3 年作为政策虚拟变量重新回归，结果如表 6.7 中的 Model 1 和 Model 2 所示。由表 6.7 的结果可知，将政策时间提前，政策效应不显著。第二，参考朱金鹤等[②]的做法，更改入选城市，通过改变

---

① 林毅夫，沈艳，孙昂. 中国政府消费券政策的经济效应 [J]. 经济研究，2020，55（7）：4-20.
② 朱金鹤，王雅莉，侯林岐. 文明城市评比何以促进劳动力流入？——来自地级市的准自然实验证据 [J]. 产业经济研究，2021（3）：43-56.

全国文明城市入选名单来构造反事实检验,以重复随机抽样 500 次的方式建立虚拟政策变量重新回归,结果见表 6.7 的 Model 3,由此可知更改入选城市后政策效应不显著。

表 6.7 安慰剂检验

Variable	Model 1	Model 2	Model 3
False_Time2	−0.002 (0.002)		
False_Time3		−0.003 (0.002)	
False_Treat			−0.001 (0.002)
Control Vaibable	Yes	Yes	Yes
时间固定效应	Yes	Yes	Yes
城市固定效应	Yes	Yes	Yes
N	4442	4442	4442
F	264.314	264.507	264.306
R^2	0.548	0.548	0.458

表 6.7 结果显示,政策效应均未通过显著性检验。这表明获评全国文明城市的政策效应只有在"中国文明网"公布的既定时间和既定城市下才更显著,即全国文明城市对城市基本公共服务均等化不存在人为设定的可能性。

6.4.3.3 反向因果检验

双重差分法因为采用了时间和个体双固定效应,可以有效避免遗漏变量问题。同时,政策的冲击对实验主体来说是外生的,多数情况下不会存在逆向因果问题。但结合本节的实际情况,避免二者之间的双向因果关系对基准回归结果产生影响,下文将进一步通过实证分析是否存在基本公共服务均等化水平高的城市更偏好参与全国文明城市评选的可能性。本节将全国文明城市评选的分组虚拟变量作为被解释变量,考虑到正式获评全国文明城市应在两年前参与报名,并获得"全国创建文明城市工作先进城市"称号,因而,如果全国文明城市评选与基本公共服务均等化之间存在反向因果,那么至少在两年前基本公共服务均等化时就会激励地方参与文明城市创建直至获评[①]。有鉴于此,本节以全国文明城市评选作为被解释变量,以滞后两期的基本公共服务均等化为解释变量进行回归分析,若回归结果显著,则证明基本公共服务均等化的城市更倾向于参与评选,且更容易被评为"全国文明城市";反之,则证明"全国文明城市"评选与评选前的城市基本公共服务均等化状况无关。具体回归结果见表6.8,可以发现Model 1和Model 6的回归结果均未通过显著性检验,表明全国文明城市评选并不会受入选前城市的基本公共服务均等化状况的影响,因此不存在逆向因果问题。

表6.8 逆向因果检验

Variable	全样本 Model 1	Policy2005 Model 2	Policy2009 Model 3	Policy2011 Model 4	Policy2015 Model 5	Policy2017 Model 6
Lag2（ps）	0.131 (0.134)	-0.002 (0.029)	0.035 (0.033)	-0.071 (0.048)	0.014 (0.056)	0.005 (0.063)
Constant	-0.495*** (0.159)	-0.034 (0.035)	-0.021 (0.039)	-0.233*** (0.056)	-0.012 (0.067)	-0.188*** (0.075)
Control Vaibable	Yes	Yes	Yes	Yes	Yes	Yes
时间固定效应	Yes	Yes	Yes	Yes	Yes	Yes
城市固定效应	Yes	Yes	Yes	Yes	Yes	Yes
N	3885	3885	3885	3885	3885	3885
F	74.499	5.721	7.244	20.300	23.683	32.840
R^2	0.261	0.026	0.033	0.078	0.101	0.135

6.4.4 异质性分析

6.4.4.1 城市行政等级异质性分析

在中国,各个地区的经济发展水平通常与其行政管理水平高度相

---

① 朱金鹤,王雅莉,侯林岐.文明城市评比何以促进劳动力流入?——来自地级市的准自然实验证据[J].产业经济研究,2021(3):43-56.

关。例如，与普通城市相比，省会城市和副省级城市等行政级别较高的城市在资源禀赋、技术创新等方面更具优势。因此，不同行政等级的城市在全国文明城市评选的背景下，对基本公共服务均等化的影响也不尽相同。在此基础上，参考刘瑞明和赵仁杰[1]，刘哲和刘传明[2]的做法，本节按城市级别将省会城市、副省级城市和"较大的市"定义为高等级（higher）城市，其他的则为一般等级或低等级（lower）城市，并据此进行城市行政等级的异质性分析。表6.9表明，对于一般等级城市而言，全国文明城市评选显著促进了城市基本公共服务均等化水平的提升。这可能是因为一般等级城市的现有要素市场运行效率较低，全国文明城市评选对城市基本公共服务均等化的政策引导功能更为显著；对于高行政等级城市而言，全国文明城市评选对城市基本公共服务均等化的提升作用并不显著，这进一步说明，全国文明城市评选对一般等级城市基本公共服务均等化的辐射和带动作用更大，发挥了"雪中送炭"的作用，而对于高行政等级城市而言，其作用并不明显。

6.4.4.2 区域异质性分析

中国幅员辽阔，东、中、西部地区的经济发展差异很大，全国文明城市评选对城市基本公共服务均等化的影响可能有所不同。为此，本节引入中国城市区位分类指标，检验东、中、西部地区全国文明城市评选的基本公共服务均等化效果。由表6.9可知，全国文明城市评选对东部、中部和西部的城市基本公共服务均等化都起到了正向促进作用，但影响程度存在差异性。具体而言，全国文明城市评选对东部、中部和西部城市的基本公共服务均等化的影响分别为0.011、0.012和0.018，均在95%的置信水平下显著。全国文明城市评选对东部、中部和西部城市的基本公共服务均等化的促进作用依次递增。

---

[1] 刘瑞明，赵仁杰. 国家高新区推动了地区经济发展吗？——基于双重差分方法的验证[J]. 管理世界，2015（8）：30-38.

[2] 刘哲，刘传明. 文明城市对产业结构升级的影响效应研究——来自文明城市评选的准自然实验[J]. 产业经济研究，2021（1）：43-55，85.

表 6.9 异质性分析

Variable	行政等级		区域			人口规模		
	lower	higher	东部	中部	西部	中等城市	大城市	特大及以上城市
civi_city	0.013*** (0.001)	0.003 (0.003)	0.011*** (0.002)	0.012*** (0.002)	0.018*** (0.003)	0.031*** (0.007)	0.013*** (0.002)	0.012*** (0.001)
lnpgdp	0.034*** (0.002)	0.074*** (0.006)	0.068*** (0.003)	0.024*** (0.002)	0.003 (0.004)	0.02*** (0.009)	0.02*** (0.002)	0.024*** (0.024)
fin	0.005*** (0.001)	0.018*** (0.003)	0.014*** (0.001)	0.003*** (0.001)	0.001 (0.001)	0.01** (0.004)	0.002*** (0.001)	0.003*** (0.001)
fdi	−0.003 (0.003)	−0.043 (0.047)	−0.004*** (0.008)	0.004 (0.003)	−0.045*** (0.012)	−0.025*** (0.009)	0.003 (0.003)	0.001 (0.005)
urbanpop	0.11*** (0.005)	0.144*** (0.144)	0.097*** (0.008)	0.142*** (0.005)	0.017 (0.018)	0.019 (0.038)	0.076*** (0.006)	0.045*** (0.007)
Constant	−0.284*** (0.013)	−0.681*** (0.064)	−0.605*** (0.029)	−0.202*** (0.016)	0.036 (0.034)	−0.08 (0.087)	−0.133*** (0.019)	−0.176*** (0.022)
时间固定效应	Yes	Yes	Yes	Yes	Yes	Yes	Yes	Yes
城市固定效应	Yes	Yes	Yes	Yes	Yes	Yes	Yes	Yes
N	3754	688	1791	1711	940	192	2805	1445
F	205.346	70.305	110.479	156.704	44.934	16.782	128.295	94.449
R^2	0.540	0.692	0.571	0.664	0.511	0.680	0.499	0.595

注：*、**和***分别表示在10%、5%和1%的显著性水平上显著，括号内数值为稳健标准误。

6.4.4.3 城市人口规模异质性分析

对于不同人口规模的城市而言，人口规模较大的城市容易形成集聚效应，更容易获得经济发展所需的要素资源，且资源配置效率相对较高。而对于中小人口规模的城市而言，由于自身发展条件较差，获评全国文明城市，相对而言对其城市的公共服务质量提升有更大的影响。可见，不同人口规模的城市对城市基本公共服务均等化的影响可能存在差异。在此基础上，本节参考2014年国务院发布的《关于调整城市规模划分标准的通知》，将城市分为五类，分别为超大城市、特大城市、大城市、中等城市和小城市。小城市的样本量较小，容易造成回归结果不可信，因此，我们仅报告了中等规模以上城市的回归结果，其中包括特大及以上城市（super city，人口规模大于 500 万）、大城市（big city，人口规模 100 万~500 万）及中等城市（middle city，人口规模小于 100 万）。回归结果见表 6.9，特大及以上城市、大城市、中等城市的全国文明城市评选对城市基本公共服务均等化的影响均显著为正，其中特大及以上城市、大城市、中等城市组的影响系数分别为 0.012、0.013 和 0.031。由此可以看出，随着城市人口规模的扩大，全国文明城市评选对城市基本公共服务均等化的促进作用越来越弱，尤其相较于特大及以上城市和大城市来说，中等城市的基本公共服务均等化受到全国文明城市评选的促进作用要强很多，分别是特大及以上城市和大城市的 2.58 倍和 2.38 倍。

因此，总体来看，当城市的行政等级越低、人口规模越小，并且地理位置越靠近西边时，全国文明城市评选对城市基本公共服务均等化水平的促进效果越明显。

全国文明城市评选对城市基本公共服务均等化的竞争示范效应实证分析

前文已验证了全国文明城市评选对城市基本公共服务均等化的促进作用，但城市在评选表彰和经济社会发展过程中既有竞争也会互相学习借鉴，全国文明城市评选和城市基本公共服务均等化发展是否会存在空间溢出效应，值得进一步探究。

6.5.1 空间自相关检验

空间自相关性主要描述各空间单元的空间依赖性，即一个空间单元的社会经济活动与其他空间单元的社会经济活动存在的相互作用。一般采用全局莫兰指数（Global Moran's I）来检验变量的空间相关性，它表示的是变量与其空间滞后变量之间的相关系数。计算公式如下所示：

$$I = \frac{n}{\sum_i \sum_j w_{ij}} \frac{\sum_i \sum_j w_{ij}(x_i - \bar{x})(x_j - \bar{x})}{\sum_i (x_i - \bar{x})^2} \quad (3)$$

其中 n 是样本数量，w_{ij} 是空间权重矩阵的元素，x_i 和 x_j 分别是空间单元 i 和 j 的观测值，$\bar{x}$ 为观测值的均值。莫兰指数的取值范围一般在 [-1, 1]，当 I 为正值时，表示各空间单元的社会经济活动存在正向的空间依赖性或集聚性；当 I 为负值时，表示各空间单元的社会经济活动呈离散分布；当 I 为 0 时，表示空间单元的经济行为呈随机分布。

表 6.10 展示了 2005—2018 年城市基本公共服务均等化和全国文明城市评选的莫兰指数及其显著性水平（2003 年、2004 年全国文明城市评选还未开始，其值均为 0，故此处数据从 2005 年开始）。结果表明，城市基本公共服务均等化发展指数波动范围集中在区间 [0.074, 0.169]，根据 p 值可知在 1% 的置信水平下都显著，这在一定程度上说明，2005—2018 年我国各地级市的基本公共服务均等化水平具有正向的溢出效应，地区间表现出正向空间依赖性和集聚性；另外，根据全国文明城市评选的莫兰指数结果可知，在 2009 年之前，其莫兰指数数值都为负数且均不显著，自 2009 年开始，全国文明城市评选的莫兰指数呈正向增长趋势，且都在 5% 的显著水平下显著，因此，这在一定程度上说明 2009—2018 年我国各地级市的全国文明城市评选具有正向的溢出效应。这也进一步揭示了采用空间计量方法的合理性。

表 6.10　2005—2018 年城市基本公共服务均等化和全国文明城市评选莫兰（Moran）指数

Year	ps			civi_city		
	Moran's I	Z	P-value	Moran's I	Z	P-value
2005	0.135	11.171	0.000	-0.001	0.240	0.810
2006	0.143	11.859	0.000	-0.001	0.240	0.810
2007	0.156	12.488	0.000	-0.001	0.240	0.810
2008	0.150	11.797	0.000	-0.001	0.240	0.810

续表

Year	ps			civi_city		
	Moran's I	Z	P-value	Moran's I	Z	P-value
2009	0.155	12.280	0.000	0.031	2.559	0.011
2010	0.160	12.601	0.000	0.031	2.559	0.011
2011	0.074	5.677	0.000	0.024	1.980	0.048
2012	0.155	12.059	0.000	0.024	1.980	0.048
2013	0.147	11.662	0.000	0.024	1.980	0.048
2014	0.152	12.033	0.000	0.024	1.980	0.048
2015	0.155	12.143	0.000	0.064	4.872	0.000
2016	0.169	13.083	0.000	0.064	4.872	0.000
2017	0.164	12.590	0.000	0.072	5.425	0.000
2018	0.166	12.644	0.000	0.072	5.425	0.000

6.5.2 空间模型选择

为进一步探究空间溢出效应，本节分别采用空间自回归模型和空间杜宾模型。首先，采用空间自回归模型（SAR）探究了全国文明城市评选的空间溢出效应，基本模型如下：

$$civi\_city_{it} = \rho W civi\_city_{jt} + \delta X_{it} + a_i + v_t + \varepsilon_{it} \quad (4)$$

其次，采用空间杜宾模型（SDM）探究全国文明城市评选和基本公共服务均等化对基本公共服务均等化的溢出效应，基本模型如下：

$$ps_{it} = \rho W ps_{jt} + \gamma civi\_city_{it} + \lambda W civi\_city_{jt} + \delta X_{it} + \theta W X_{jt} + a_i + v_t + \varepsilon_{it} \quad (5)$$

其中，i 代表城市，t 为年份，W 为空间权重矩阵，ps 为被解释变量——城市基本公共服务均等化，$civi\_city$ 为解释变量——全国文明城市评选，X 为控制变量，与前文的控制变量一致。a_i 为个体效应，v_t 为时间效应，ε_{it} 为随机扰动项。由于空间权重矩阵是度量空间效应的关键，因此，借鉴已有研究①，本节主要采用三种形式的空间权重矩阵：地理距离权重矩阵（W_1）、邻接矩阵（W_2）、经济矩阵（W_3）。地理距离空间权重矩阵的元素为两地质心距离平方的倒数。具体计算公式为：

$$W_1 = \begin{cases} 1/d_{ij}^2, & d_{ij} \geq d \\ 0, & d_{ij} < d \end{cases} \quad (6)$$

其中 d_{ij} 为两地质心距离。邻接矩阵公式如下：

$$W_2 = \begin{cases} 1, & i\text{ 与 }j\text{ 空间上相邻} \\ 0, & i\text{ 与 }j\text{ 空间上非相邻} \end{cases} (i \neq j) \quad (7)$$

经济距离是基于经济水平相近的城市更容易相互竞争和比较的假设。因此，本节借鉴刘松瑞等②的做法，采用两地级市人均 GDP 之差的绝对值来衡量经济距离，并用其倒数来加权。两城市间的经济距离越小，相互影响越强烈，权重系数表达式为：

$$W_3 = \frac{|pergdp_i - pergdp_j|^{-1}}{\sum_{j \in N(i)} |pergdp_i - pergdp_j|^{-1}} \quad (8)$$

其中 $pergdp_i$ 和 $pergdp_j$ 分别是单元 i 和 j 在时间段 t_0 到 t_1 内的人均 GDP 均值。

6.5.3　回归结果

参考苗效东等③的做法，本节采用极大似然估计法（MLE）对空间面板模型进行估计。表 6.11 中的权重矩阵分别采用了上文中的地理距离矩阵、邻接矩阵和经济矩阵。

---

① 苗效东，吕明元，张旭东. 工业大数据对我国制造业绿色发展的影响——基于省级面板数据的空间效应检验［J］. 软科学，2023，37（3）：1-10.
② 刘松瑞，周润人，席天扬. 城市评比表彰中的引领效应与同侪效应——基于创建国家卫生城市的研究［J］. 公共行政评论，2022，15（3）：4-20，196.
③ 苗效东，吕明元，张旭东. 工业大数据对我国制造业绿色发展的影响——基于省级面板数据的空间效应检验［J］. 软科学，2023，37（3）：1-10.

表6.11 全国文明城市评选与基本公共服务均等化的空间溢出效应

Variable	Model 1 (地理距离矩阵) civi_city	Model 2 (邻接矩阵) civi_city	Model 3 (经济矩阵) civi_city	Model 4 (地理距离矩阵) ps	Model 5 (邻接矩阵) ps	Model 6 (经济矩阵) ps
civi_city				0.084***	0.087***	0.095***
W_{civi_city}	0.512***	0.233***	−1.387***	0.045***	−0.004	0.265***
W_{ps}				0.844***	0.393***	−1.054***
控制变量	Yes	Yes	Yes	Yes	Yes	Yes
城市固定效应	Yes	Yes	Yes	Yes	Yes	Yes
时间固定效应	Yes	Yes	Yes	Yes	Yes	Yes
N	4384	4384	4384	4384	4384	4384
R^2	0.011	0.014	0.016	0.256	0.297	0.163

注：*、**和***分别表示在10%、5%和1%的显著性水平上显著，括号内数值为稳健标准误。

首先，表6.11中Model 1—Model 3采用空间自回归模型（SAR）检验了当地全国文明城市评选受到其他城市全国文明城市评选的空间溢出效应。Model 1展示了采用地理距离权重矩阵的分析结果，W_{civi_city}的回归系数为0.512，且通过1%的显著性水平检验，因此，该结果表明周边城市的全国文明城市评选结果对当地城市的全国文明城市评选有正向的溢出效应。Model 2展示了采用邻接权重矩阵的分析结果，W_{civi_city}的回归系数为0.233，也通过了1%的显著性水平检验，因此，该结果表明相邻城市的全国文明城市评选结果对当地城市的全国文明城市评选也有正向的溢出效应，但相较于Mode 1的结果可知，周边城市的正向影响要大于相邻城市（0.512>0.233）。Model 3展示了采用经济权重矩阵的分析结果，W_{civi_city}的回归系数为−1.387，也通过了1%的显著性水平检验，因此，该结果表明城市的全国文明城市评选会受到经济水平相似的城市的全国文明城市评选的负向影响，即存在负向溢出效应，这主要源自经济水平相似的城市之间存在的全国文明城市评选的相互竞争。其次，表

6.11 中 Model 4—Model 6 检验了全国文明城市评选和基本公共服务均等化对基本公共服务均等化的空间溢出效应。表 6.11 中 Model 4 显示，W_{civi_city} 的回归系数为 0.045，且通过 1% 的显著性水平检验，表明全国文明城市评选对周边邻近城市的基本公共服务均等化存在正向的溢出效应，即一个地区的基本公共服务均等化水平会受到周边地区的全国文明城市评选的影响；W_{ps} 的回归系数为 0.844，且通过 1% 的显著性水平检验，表明周边邻近地区的基本公共服务均等化发展存在显著的正向溢出效应，即一个地区的基本公共服务均等化发展会受到周边城市的基本公共服务均等化水平的影响。

在考虑周边城市影响的基础上，Model 5 进一步检验了城市的基本公共服务均等化发展受相邻城市的影响效果，Model 5 中 W_{ps} 的回归系数为 0.393，且通过 1% 的显著性水平检验，因此，该结果表明本城市基本公共服务均等化的发展会受到相邻城市基本公共服务均等化的影响，但其效果要弱于整体周边城市的影响（0.393<0.844），说明除了相邻城市外，周边其他城市的基本公共服务均等化发展对本城市的基本公共服务均等化发展的作用也很重要；另外，Model 5 中 W_{civi_city} 的回归系数为 -0.004，但不显著，因此，结合 Model 3 的结果来看，该结果表明尽管周边地区的全国文明城市评选对城市基本公共服务均等化发展的作用显著，但单独看相邻城市的全国文明城市评选对城市基本公共服务均等化发展的效果并不是很突出，说明城市的基本公共服务均等化的溢出效应并不仅仅限于相邻地区。

Model 6 检验了经济距离的影响效果，不同于 Model 3 和 Model 4，Model 6 中 W_{civi_city} 的回归系数为 0.265，且通过 1% 的显著性水平检验，表明经济水平相似的城市评选上全国文明城市对该城市的基本公共服务均等化存在正向的促进作用，主要是因为经济水平相似的城市之间具有相互竞争的发展关系，其中一方评选上全国文明城市对另外一方具有激励效果，即另外一方也会力争评选上全国文明城市，因此，在评选的过程中进一步提高其基本公共服务均等化水平。另外，Model 6 中 W_{ps} 的回归系数为-1.054,且通过了1%的显著水平检验,表明城市的基本公共服务均等化水平会受到经济水平相似城市的基本公共服务均等化的负向影响,即存在负向溢出效应,这可能源于经济水平相近的城市之间存在人才等影响基本公共服务均等化建设的重要资源互相竞争的情况,导致经济水平相近的城市间的基本公共服务均等化发展互相制约。

总体而言,第一,全国文明城市评选和基本公共服务均等化水平均存在正向的地理溢出效应和负向的经济溢出效应,即地理邻近城市的基本公共服务均等化水平会促进城市的基本公共服务均等化的发展,但经济水平相似城市的基本公共服务均等化会抑制城市的基本公共服务均等化的发展。第二,全国文明城市评选对城市基本公共服务均等化的促进作用在地理和经济层面都存在溢出效应,即地理邻近城市的全国文明城市评选对城市的基本公共服务均等化水平具有促进作用,经济相似城市的全国文明城市评选对城市基本公共服务均等化水平也有促进作用。

6.6 结论与讨论

本章采用准自然实验的方法,应用双重差分法和空间杜宾模型评估了全国文明城市评选对城市基本公共服务均等化的影响,主要得出三条结论。第一,全国文明城市评选是一项民生工程,可以有效提升城市基本公共服务均等化水平。究其原因是城市为了创建全国文明城市,必须达到全国文明城市要求的有关基本公共服务均等化的指标要求。动态考核的机制还促使城市把基本公共服务均等化作为一项长期战略来抓,不能通过运动式治理来实现。本研究结论与龚锋[①]等学者的研究结论不一致,他们发现全国文明城市评选对商品房价具有显著的正向影响效应,但对经济增长率和城镇登记失业率的影响效应并不显著。他们的研究表

---

① 龚锋,李博峰,卢洪友.文明城市的民生效应分析——来自地级市的准自然实验证据[J].云南财经大学学报,2018,34(12):3-17.

明，全国文明城市评选与民生关联不大，使人感觉全国文明城市评选并不是一项民生工程。本研究得出的结论与朱金鹤等①的结论相似，表明全国文明城市评选能够激励地方政府提高包括教育、医疗、文体、交通和环境在内的公共服务供给水平，再次证明全国文明城市评选是一项民生工程。第二，全国文明城市评选有着空间扩散效应，政府间的竞争会间接提升全国文明城市评选对相邻城市的基本公共服务均等化水平的影响。有学者发现，全国文明城市评选不仅可以显著降低本地区的工业污水和二氧化硫的排放强度，而且影响邻近地区的排放强度，空间溢出示范效应显著②。本研究同样证明，全国文明城市评选对基本公共服务均等化的促进作用存在空间溢出效应，在地理距离方面有着正向溢出效应，即全国文明城市评选会通过竞争和示范效应，实现更大的民生效应。第三，全国文明城市评选对城市基本公共服务均等化的影响具有情境性，它会受城市行政级别、人口规模和地理位置的影响。一个有趣的发现是，行政级别越低、人口规模越小、地理位置越靠近西部地区，全国文明城市评选对基本公共服务均等化的促进效果越明显。它表明，对于西部地区而言，全国文明城市评选是促进民生的最大工程，可以有效地促进地方政府将更多的财政资源投入民生。而对于东部发达地区而言，城市自身的基本公共服务均等化投入本来就很多，基本公共服务做到了全方位的覆盖，全国文明城市评选对民生方面的效应反而没有那么显著。

理论意义。第一，整合了行政竞标制和政府竞争理论，更加全面地分析了全国文明城市评选对城市基本公共服务均等化的影响。本研究表明，作为一项行政竞标制的城市治理机制，全国文明城市创建对城市基本公共服务均等化有着直接的影响，是城市内部的竞标动机。作为一项

---

① 朱金鹤，王雅莉，侯林岐. 文明城市评比何以促进劳动力流入？——来自地级市的准自然实验证据 [J]. 产业经济研究，2021（3）：43-56.
② 徐换歌. 评选表彰何以促进污染治理？——来自文明城市评比的经验证据 [J]. 公共行政评论，2020，13（6）：151-169，213.

标尺竞争制度，全国文明城市创建对城市基本公共服务均等化的提升有间接影响，能促进邻近城市间的竞争，是城市的外部竞争动机。它表明，要有效激发地方政府提升城市基本公共服务均等化的作用，既要激发城市的内部动力，还要充分唤起示范与竞争的作用，丰富了具有中国特色的城市治理体系研究。第二，研究表明，全国文明城市创建可以促进城市基本公共服务均等化，从理论上证明了全国文明城市创建是一项巨大的民生工程。本研究借助 PSM-DID 的方法，通过比较与分析全国文明城市和非全国文明城市之间基本公共服务均等化的差异，精确评估了全国文明城市创建的民生促进效应，既深化了对全国文明城市创建政策的绩效评估研究，也为全国文明城市创建机制的建立和完善提供了循证支持。第三，本研究基于政府竞争理论，利用空间杜宾模型，证明了全国文明城市创建的空间示范竞争效应，为当前中央文明委推动的全国文明典范城市建设提供了理论支撑。全国文明典范城市的建设，可以进一步激发城市间的竞争动力机制，更好地发挥全国文明城市创建的民生工程效应。

实践意义。第一，继续强化推进和创新全国文明城市评选工作，提高地方政府申报全国文明城市评选的积极性，进一步完善和推动全国文明典范城市的创建工作，充分发挥全国文明城市评选的政治激励功能，提升城市基本公共服务均等化水平[①]。第二，加大公共服务类指标在全国文明城市评选指标中的比例，充分发挥全国文明城市创建的政策工具功能。要继续完善定期考核、综合考核、一票否决、保留机制和退出机制，它们是全国文明城市创建机制发挥效能的关键，可有效将政府注意力和财政资源配置到城市基本公共服务均等化领域，提升民生效应。第三，加大全国文明典范城市创建管理机制力度，优化文明城市的空间分

---

① 宋典，芮国强，马冰婕. 政府信任、政治效能感和媒介接触对公民参与的影响——一个基于文明城市创建领域的调查分析 [J]. 苏州大学学报（哲学社会科学版），2019, 40（3）：7-14.

布，创建全国文明城市群，更好地发挥文明城市标尺竞争空间溢出效应①。

研究不足与未来展望。第一，研究表明，全国文明城市创建对基本公共服务均等化的作用有着空间溢出效应，分析的空间溢出效应主要是标尺竞争效应，但也存在示范、学习和规范的效应。由于数据分类获取较难，本章没有将这些效应完全梳理并验证出来，未来可以分析多种效应的空间溢出效应。第二，行政竞标制的核心要素之一是动态评估机制，本章主要选取了全国文明城市创建作为行政竞标制的典型案例，它具有动态评估机制，但没有从数理层面揭示出动态评估机制的作用，未来可以选择有和没有动态评估机制的行政竞标制案例进行比较，揭示动态评估机制的效应。

---

① 徐换歌. 评比表彰何以促进污染治理？——来自文明城市评比的经验证据 [J]. 公共行政评论，2020，13（6）：151-169，213.

第7章 城市治理视阈中的行政竞标制：内在逻辑与成功经验

改革开放以来，中国的城镇化水平快速提升，城镇化率超过了60%。① 越来越多的中国城市成为全球性城市，城市已成为国家发展的重大引擎。城市是国家治理的重要场域，城市治理已成为影响国家发展的关键因素，是构建国家治理体系和提升治理能力现代化的重要抓手，也是理解国家治理的重要窗口。由于政治、经济、文化方面的差异，西方国家在城市治理过程中形成了社团主义、管理主义、多元主义等模式，中国则形成了众多具有自身特色的城市治理模式，如行政发包制、晋升锦标赛和行政竞标制等。

这些城市治理模式塑造了"中国之治"的基因，是理解"中国之治"密钥的关键。② 长期以来，晋升锦标赛一直是学术界关注的重点。但随着中央政府更加注重创新、绿色发展和高质量的公共服务供给，中央政府对城市的考核更加多元化，以职务晋升为核心的晋升锦标赛理论的现实解释力逐渐弱化。③ 近年来，中央政府相继开展了国家卫生城市评选、全国文明城市评选等活动，这些评选的显著特点是中央政府对城市的考核由以经济增长为重点转变为以卓越治理为目标。此类城市评选治理模式概称为"行政竞标制治理模式"，在此模式中，中央政府对于

---

① 国家统计局. 中华人民共和国2019年国民经济和社会发展统计公报 [R]. 2020.
② 曹海军，梁赛. 理解"中国之治"的密钥："协同优势"与"优势协同" [J]. 学术月刊，2021，53 (4)：81-91.
③ 袁方成，姜煜威. "晋升锦标赛"依然有效？——以生态环境治理为讨论场域 [J]. 公共管理与政策评论，2020，9 (3)：62-73.

非主体治理目标不实行"一刀切",鼓励地方按照自身条件,响应中央政府的倡议发起评比竞争。研究显示,在无显著可获经济利益、政治收益的情况下,相当多的城市仍然非常愿意参加由中央部委设计的行政竞标制项目。①

当前,理论界对行政竞标制的研究多数聚焦于其对城市治理绩效的促进作用,对中央政府设计行政竞标制项目的目的、城市参与行政竞标制的动机、申请参与竞标后各城市会构建何种机制确保竞标成功等问题考量得并不多。更为重要的是,当前理论界对行政竞标制的探究缺乏公共管理相关理论的支撑,不能凝练行政竞标制的理论意蕴。基于行政竞标制在中国情境下应用的广泛性,本章以注意力理论为基础,以全国文明城市评选为个案,从注意力竞争、传导、注意力转化为行动和治理绩效等角度回应上述问题,深描行政竞标制的运行逻辑,揭示行政竞标制能够提升城市治理绩效的原理和机制,萃取行政竞标制的独特中国经验,阐述行政竞标制的公共管理理论意蕴,丰富具有中国特色的城市治理理论研究。

行政竞标制的起源与特征:城市治理注意力转向

改革开放之后的相当长时间内,国家治理以经济建设为中心,中央政府对地方的考核主要以经济增长为关键绩效考核指标,形成了具有中国特色的经济锦标赛晋升制度。但由于过度强调经济增长,各个城市忽视了环境、卫生、精神文明建设之类的城市治理活动,导致城市出现精神文明建设薄弱、环境污染等"城市病"。为了促使各城市重视非经济领域的发展绩效,中央各部委开始实施形态多样的项目评选类城市创建治理活动,如国家卫生城市、全国园林城市、全国优秀旅游城市等评选

---

① 刘思宇. "评比表彰"的激励逻辑——基于创建全国文明城市的考察[J]. 中国行政管理, 2019 (2): 72-78.

活动。

刘松瑞等[①]将全国文明城市、国家卫生城市评选之类的管理实践活动称为"行政竞标制",它是指上级部门为了实现某领域的治理目标,设置各类城市评选表彰荣誉称号,制定清晰、动态且要求较高的考核指标和评选门槛,鼓励各地方政府依据城市政治、经济和文化等条件,自愿响应上级部门的倡议申报,鼓励地方政府间展开竞争。行政竞标制具有以下核心特征:一是适用领域广泛。行政竞标制可适用于城市卫生、园林绿化、安全、文明等多个领域,城市往往更愿意申报由具备较高政治地位和权威部门设计的行政竞标制项目,也更愿意申报国家重点关注的领域项目。如国家非常重视精神文明建设、城市民生和公共服务供给,强调要打通服务基层的"最后一公里",全国文明城市评选就得到了地方政府的广泛响应。二是强调正向激励。在行政竞标制模式下,上级部门对获得荣誉称号的城市,往往只给予适当的荣誉激励,并不会给获得荣誉称号的城市带来直接经济收益,也很难显著增加城市主政官员的晋升机会。这与锦标赛制有根本区别,在锦标赛制模式下,如果城市达不到竞赛目标,它的主政官员则会受到处罚或隐性惩罚。[②]但行政竞标制的荣誉称号不与城市官员的考核挂钩,城市可以自愿申报参与,也可以不参与,城市有较大的自主性。三是荣誉称号实行动态管理制度。在行政竞标制项目实施过程中,上级部门会成立专职部门负责城市荣誉评选、获得和维护等工作。城市荣誉称号评选不实施终身制,每个考核期都要开展动态评估,对于在后期复核过程中没有达标的城市,上级部门会撤销其荣誉称号。所以,多数城市不能指望通过临时性的运动式治理就可以获得荣誉称号,而是要将此领域的治理工作作为一项长期战略任务来抓,确保能够长期保持荣誉称号。

---

① 刘松瑞,王赫,席天扬.行政竞标制、治理绩效和官员激励——基于国家卫生城市评比的研究[J].公共管理学报,2020,17(4):10-20,164.
② 周黎安.中国地方官员的晋升锦标赛模式研究[J].经济研究,2007(7):36-50.

7.2 行政竞标制的研究视角：理论基础与案例选择

自行政竞标制模式提出以来，学界概述了它的核心特征和独特优势，在某些领域验证了它的治理促进作用。尽管概念陈述、特征概述和效果实证为行政竞标制治理模式的理论化思考奠定了基础，但其理论完备性还比较欠缺，特别是缺乏一个能较好解释其设计初衷、推广、执行等问题的整体理论叙事框架。行政竞标制由中央部委设计，吸引地方政府的注意力是地方政府选择参与的前提条件，地方政府能够将注意力有效传导和转译是行政竞标制能够实施的关键。据此，可以应用注意力理论来应答中央政府发起行政竞标制的初衷、地方政府选择参与并组织实施等议题。提出系统化发展注意力理论的学者是奥卡西奥（Ocasio）[1]，他认为组织是一个注意力配置系统，"注意力"是管理者投入时间发现、解释、理解外部环境并选择行动的过程。注意力是一种具有稀缺性、易逝性和互补性等特征的资源。并非所有的外部环境或事件都能吸引管理者的注意力，其既会受外部环境特征或事件强度的影响，也会受管理者时间有限、思考问题框架等因素的影响。[2] 注意力理论主要探讨的是注意力的来源、演变、传播和行为选择等问题。近年来，注意力理论逐渐被应用到公共管理领域。注意力理论将地方政府视为一个"理性人"，主要探讨政府注意力竞争、配置、强化等问题。赖诗攀[3]指出，由于地方政府面临的问题众多，要承担多项职责，中央政府采取措施引导地方政府将注意力配置到合适的议题上很重要。

当前，理论界对行政竞标制应用的研究主要以国家卫生城市评选为

---

[1] W. Ocasio. Towards an attention-based view of the firm [J]. *Strategic Management Journal*, 1997, 18 (S1): 187-206.

[2] A. J. Hoffman & W. Ocasio. Not all events are attended equally: Toward a middle-range theory of industry attention to external events [J]. *Organization Science*, 2001, 12 (4): 414-434.

[3] 赖诗攀. 强激励效应扩张: 科层组织注意力分配与中国城市市政支出的"上下"竞争（1999—2010）[J]. 公共行政评论, 2020, 13 (1): 43-62, 196-197.

个案，但其评选要素较少，项目设计方是全国爱国卫生运动委员会，相当一部分市民并不了解它，影响力较小。近年来，全国文明城市评选由于其测评要素多，涉及部门众多，与人民群众生活密切相关，受到社会的广泛关注。2003 年，中央启动全国文明城市评选工作，2004 年发布了《全国文明城市评价体系（试行）》，指出全国文明城市是指经济建设、政治建设、文化建设、社会建设、生态文明建设全面发展的城市。全国文明城市评选有三个核心特征。第一，地位高。创建全国文明城市是精神文明创建的龙头工程。它的指导部门是中央精神文明建设指导委员会，由中共中央宣传部分管，获得"全国文明城市"称号是城市的巨大荣誉。近年来，很多省、市将全国文明城市创建的成绩纳入对地方政府考核的高质量评价体系，且占比权重较高。第二，测评内容广泛且动态更新。2021 年度的全国文明城市测评体系涵盖 72 项测评内容、140 条测评标准，还实行负面清单制度和一票否决制，重大安全生产事故、网络舆情事件均会影响评选工作。评选指标每年都会动态更新，2022 年增加了城市社会研发支出比、营商环境等指标。第三，称号不搞终身制。全国文明城市评选依据"三年一大考，每年都小考"的程序进行评选和复审，要求各个城市构建提升城市文明的常态化和长效化机制，经常会有部分城市因为没有通过复审而被摘掉荣誉称号。定期开展测评的机制促使各个城市将社会文明水平的提升作为一项长期战略性工作来抓，而不是临时迎检工作。正因如此，"全国文明城市"被认为是含金量最高、创建难度最大的荣誉称号。

中央文明委不强制要求地方政府参与全国文明城市评选活动，即使落选也不会给予非全国文明城市的地方主政官员惩罚，只是给予获得"全国文明城市"荣誉称号的城市荣誉和政治激励。它鼓励城市自主选择与本地情况相匹配的全国文明城市治理模式，激励政府加大在环境、公共服务等领域的投入，促进高质量发展。需要注意的是，由于荣誉和政治激励影响巨大，全国文明城市评选存在激烈的政府竞争。分析这些特征，可以发现全国文明城市评选是一项典型的行政竞标制实践，作为中央部委设计的一项公共政策,它能否成功实施取决于能否有效激发地方政府参与其中,能否充分吸引地方政府的注意力,地方政府能否有效地将注意力传导给各级官员和市民,能否有效地将注意力转化为具体的行政实践。从注意力理论的视角来看,全国文明城市评选活动可以被理解为一个注意力吸引、传导和转化的管理过程,此过程适用于所有行政竞标制项目,此过程见图7.1。

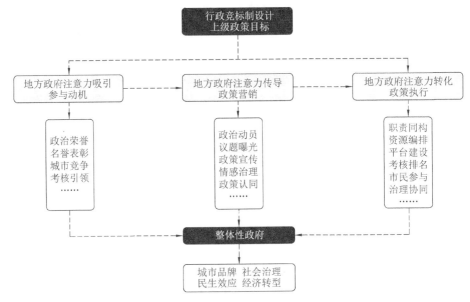

图7.1 基于注意力理论视角的行政竞标制理解框架

由图7.1可知,可从地方政府注意力的吸引、传导和转化三个核心过程来理解行政竞标制的启动、营销和执行的核心过程。

7.3 行政竞标制的启动机制:注意力传导和政策营销

对于中央政府而言,设计行政竞标制的目的是促使地方政府加强对某一领域的治理,促使部委在纵向范围内履行其工作职责。比如,全国文明城市评选是由中央宣传部设计的行政竞标制项目,中央宣传部的重要职责之一就是加强社会主义精神文明建设,提升城市文明水平。但与传统锦标赛不同，行政竞标制以主动参与为核心特征，中央宣传部不强制每个城市参与此项行政竞标制评比，因此，它必须能有效提升地方政府的参与动机，这就需要增加行政竞标项目对城市的吸引力，将政府官员的注意力引入其中。

然而，政府官员的注意力是一种有限的资源，要促使他们把注意力转移到某个行政竞标制项目上来，行政竞标制项目必须能够给城市带来收益或压力。一般而言，行政竞标项目能给城市带来的收益或压力主要有三个方面：一是荣誉激励效应。设置行政竞标荣誉称号的上级部门往往具有较高的政治地位和权威，它们通过设计荣誉评价机制，将复杂的城市治理事项简化为具体的评价指标和地方政府需要达到的目标，是一种自上而下的政策执行系统。对于各城市而言，获得荣誉称号不仅可以提升城市品牌效应，而且可以反映地方主政官员的城市治理能力，获得良好的政治声誉，更容易被上级部门认可。二是竞争压力效应。尽管自愿参与是行政竞标制的核心原则，但在行政竞标荣誉称号评选操作过程中，为了鼓励地方政府积极参与，上级部门又会通过名额限制、末位淘汰和追踪考核等手段营造浓厚的竞争氛围，促使某些地方政府意识到如果不参与荣誉评选工作，上级部门和社会民众会认为城市主政官员的工作动力不足，倒逼地方政府为评选表彰目标的达成而付出努力。例如，在全国文明城市评选过程中，某市发现全省已有十个地级市获得了"全国文明城市"荣誉称号，上级部门也经常表扬已获得"全国文明城市"荣誉的城市。在以上城市的竞争压力之下，该市开始配置资源，动员全市力量，积极参与"全国文明城市"荣誉称号的申报与评选。三是治理整合效应。行政竞标制在给地方政府带来压力的同时，也给地方政府带来了整合全市人力、物力等资源的契机。地方政府可以以行政竞标制项目为切入点，整合城市多个领域的治理活动，提高城市治理的协同性。有研究表明，部分行政竞标制项目能促使地方政府高度集中注意力，进行全方位的政治动员，借机将全市多个领域的治理活动纳入行政竞标的荣誉评选活动，为各种治理目标增势赋能，提升城市治理绩效。① 概言之，行政竞标制主要通过府际间的纵向激励、城市间的横向竞争和提供内部协同治理机会吸引地方政府的注意力。②

地方政府在决定参与行政竞标制项目以后，必须构建政策营销机制，将地方政府主政官员的注意力转换为政府部门、企业、社区、第三方组织和全体市民的注意力。政府会运用多种手段来实现此目标。第一，政府会通过"一把手"挂帅的方式来提升全体官员的注意力。比如，在全国文明城市创建过程中，各城市往往会把它安排为市委书记挂帅的"一把手"工程，并以领导小组组长的身份推进。市委书记是地方政府的最高行政权威，在城市人事安排、资源分配等方面具有绝对权威，由市委书记担任领导小组组长，可促使各部门负责人将注意力放到文明创建上。第二，地方政府会通过政治动员传递领导高度重视的信息，集中政府注意力。领导高度重视会带来"政治势能"，它可以促进资源集中、推动政策执行。③ 为了推进行政竞标制项目，各城市往往会召开专门的动员工作会议，主要领导出席讲话，强调此项工作的重要性，动员各部门支持此项工作。为了进行政治动员，部分城市的领导还会通过"四不两直"等方式到城市一线检查工作，再加上新闻媒体的报道，在全社会形成评选热。第三，政府部门也会经常利用新闻媒体曝光平台，曝光不符合行政竞标制项目理念的行为，作为典型个案，起到宣传作用。在全国文明城市创建过程中，政府部门经常会利用媒体曝光闯红灯、乱贴小广告等行为，并借助全国文明城市创建契机，加大对这些行为的整治力度，达到宣传全国文明城市创建的目的。第四，政府会通过情感治理的方式让民众从情感上认同行政竞标制，通过营造"模范氛

---

① 文宏，杜菲菲. 借势赋能："常规"嵌入"运动"的一个解释性框架——基于A市"创文"与营商环境优化工作的考察［J］. 中国行政管理，2021（3）：100-106.
② 贺芒，陈彪. "评比表彰"项目的地方执行逻辑：一个组织理论分析视角［J］. 中国行政管理，2020（11）：133-139.
③ 贺东航，孔繁斌. 中国公共政策执行中的政治势能——基于近20年农村林改政策的分析［J］. 中国社会科学，2019（4）：4-25，204.

围"强化市民对行政竞标制的认同,通过公益广告等渠道宣传行政竞标制,促使行政竞标制的理念被广泛接受。①

7.4 行政竞标制的运行机制:注意力转译和政策执行

在将官员和市民的注意力聚焦到行政竞标制项目之后,地方政府还需要建立一套有效的行政竞标达标管理机制。这个机制往往包含成立专门的组织机构、制定规章制度、强化资源编排和整合、建立考核评估机制、发动市民广泛参与等要素,实现协同治理。

第一,成立行政竞标部门,制定竞标规章制度。为了有效对接设计行政竞标制的中央各部委工作,各个城市往往会成立专门的工作小组和部门负责达标工作。例如,为了对接中央宣传部主管的全国文明城市创建工作,各个城市都成立了全国文明城市创建工作委员会,由城市主要领导任组长,由宣传部牵头,副组长由市委常委宣传部部长担任,日常工作由宣传部某副部长主管,下面再设置文明创建办公室,负责全国文明城市创建的日常工作。省级政府和县区级政府也会设置类似的组织管理体系,形成一套职责同构的组织体系,具体负责竞标工作。为了推进行政竞标工作,负责竞标项目的部门会制定相关的规章制度,明确政府各部门在竞标工作中的职责。全国文明城市创建需要动员行政审批、工商、城管、公安等部门积极参与,为了把责任分解到各个部门,各地文明办会通过制定《文明行为促进条例》《创建全国文明城市管理规定》等制度,将全国文明城市创建过程中的每一项任务都分配至特定部门,明确各单位职责,构建实施行政竞标制的政策网络。

第二,推进资源编排整合,确保行政竞标成功。为达到中央部委设置的行政竞标项目考核要求,地方政府需要投入大量的人、财、物,会

---

① 文宏,杜菲菲.借势赋能:"常规"嵌入"运动"的一个解释性框架——基于A市"创文"与营商环境优化工作的考察[J].中国行政管理,2021(3):100-106.

增加地方政府负担。① 地方政府有动力有效编排城市的各种资源，开展横向、纵向和跨边界的资源整合，实现资源投入效率最大化。② 在全国文明城市创建过程中，首先，地方政府会充分利用现有资源，减少相关投入。为了满足中央文明委有关新时代文明实践中心、所（站）建设等方面的要求，地方政府不是加大财政投入建设新场所和设施，而是充分利用现有社区、文化馆等场所。其次，拓展整合与行政竞标相关的活动。全国文明城市创建涉及垃圾分类、市容市貌管理、营商环境改进等，许多城市就在全国文明城市创建过程中将此类活动集中管理，减少多头考核，多方投入，实现资源高效整合。③ 最后，各城市会尽可能利用志愿服务力量，减少政府人力投入。在全国文明城市创建过程中，各城市将所有志愿服务力量整合到新时代文明实践中心、所（站），减少相关投入。

第三，加大绩效考核力度，健全压力传递机制。行政竞标制项目往往涉及的部门很多，在工作职责分解之外，还必须考核各部门的工作完成情况，发挥考核指挥棒的作用，这样各部门才会尽全力工作。为此，地方政府往往会评价考核各部门在行政竞标过程中的表现，并将考核排名与单位考核和各部门负责人的考核挂钩，促使全体人员全力参与行政竞标。例如，很多城市在创建全国文明城市过程中会选择第三方社会组织测评各责任单位的工作业绩，某市会每周在本地报纸上登载各个部门的排名。S市每个季度会对全市70多个乡镇街道实施创建全国文明城市"红黑榜"制度，成绩排名前三的进入"红榜"，成绩排名最后三名的进入"黑榜"，"黑榜"名单中的乡镇领导会被市里主会领导约谈。如果连续三次进入"黑榜"，乡镇街道的领导干部还有可能被撤换。在强

---

① 王磊，王兰兰．"文明城市"评选与地方城投债规模的扩张：一个基于评比表彰机制的分析［J］．中央财经大学学报，2022（1）：74-88．

② D. G. Sirmon, et al. Resource orchestration to create competitive advantage: Breadth, depth, and life cycle effects [J]. *Journal of Management*, 2011, 37 (5): 1390-1412.

③ 吴敏，黄玖立．政府间的竞赛治理是否有效：文明城市评比与城市卫生［J］．世界经济，2022，45（3）：212-232．

高压的考核体制下,为了达到上级部门的考核标准,乡镇街道和部门均非常重视全国文明城市创建工作,集中注意力,创造性地开展工作,有效将实施行政竞标制项目的压力从高层传递到基层。绩效考核制度是上级政府注意力有效传递给基层政府和部门的重要路径,也是行政竞标制成功运行的"密钥"。

行政竞标制的中国经验:政治势能、动态考核和治理协同

行政竞标制能够在中国国情下呈现蓬勃发展的态势,主要原因是它为中国城市解决片面重视经济发展忽视民生服务、精神文明建设等问题提供了一种行之有效的城市治理模式。行政竞标制是中国城市治理的独有模式,它根植于中国的历史现实和政治制度,是社会主义制度优势的体现,为其他国家的城市管理带来了可借鉴的中国经验。这些经验可从竞标项目设计主体地位、竞标项目执行主体的管理机制和竞标项目服务对象三个角度来概括。

第一,竞标项目设计主体需具备较高的政治权威,锚定城市的长期注意力。在中国,行政竞标制一直是受中央部委和部分政府欢迎的管理模式之一。城市热衷于参加各种类型的行政竞标制项目,其中一个重要的原因就是中央部委的政治权威较高,与地方政府之间有较大的"政治势能"差。他们所颁布的荣誉称号既能提升所在城市的形象和品牌,又能给地方主政官员带来良好的声誉,吸引了城市的注意力。据此推理,行政竞标项目设计方的政治权威越高,行政竞标评比项目受地方关注程度也就会越更高。这个规律可从全国文明城市评选和国家园林城市评选两个项目的对比中得出,前者由中央宣传部负责,后者由住建部负责,两个部委之间存在一定的政治势能差,全国文明城市评比项目更受地方关注。

第二,竞标项目执行主体须构建动态化管理机制,提升政府整体治

理能力。理论界对运动式治理的主要批判是其短期内可以集中注意力，倾斜投入资源，在短期内取得成绩，但此种模式的治理效果难以维持。①为了避免此类问题，行政竞标项目实施动态化的评估机制，定期评估城市治理机制和效果。地方政府必须摆脱短期思维，用长期战略思维考量竞标项目的要求和规范，保持注意力。为此，地方政府必须构建有效的运行机制，制定法律法规，锚定地方政府注意力。如在全国文明城市创建过程中，多个城市就出台了《文明城市促进条例》，成立专项工作领导委员会、领导小组和办公室，明确各部门职责，构建有效整合"条块关系"的框架，层层分解责任，建立有效的绩效考核问责机制，汇聚所有相关单位和人员的注意力，确保他们能在工作中重视行政竞标制的考核要求。

第三，竞标项目服务对象必须以人民群众为中心，动员各方主体协同参与。部分行政竞标项目在实施过程中会被社会质疑，质疑的原因主要有形式主义、政绩工程等。但其根本原因还是此类行政竞标项目没有以人民为中心，没有帮助人民群众解决问题，没能给人民群众带来良好的心理体验，很难提升人民群众的获得感。对于此类不能给人民群众带来良好体验的行政竞标项目，人民群众不仅会反感，而且会抵制。全国文明城市创建是一项浩大的民生工程，它测评的社区环境、市容市貌、公共文化服务等指标与人民群众的生活密切相关，引导地方政府建设一个共建共治共享的城市，打通服务群众的"最后一公里"，受到市民的广泛认同。认同带来参与，众多市民积极担任志愿者，广泛参与文明交通、文明风尚、村（社区）环境整治、法律咨询等活动，缓解了政府在城市治理过程中面临的人财物投入不足等难题，形成了一个以政府部门为主，各方主体共同参与的多元协同治理体系。

上述经验是行政竞标制的核心特征，它可以推动城市治理模式迭代

---

① 刘志鹏. 常规开展的"运动"：基于示范城市评比的研究［J］. 公共管理与政策评论，2020，9（4）：72-86.

更新，实现城市整体治理。在此过程中，行政竞标制保持了中国政府高位推动的权威性，通过设计考核规范与动态评估，尊重地方差异化和自主性，采用沟通、评估、整合等策略解决了公共政策在央地之间、部门之间的执行问题，增进了民生福祉，促进了城市高质量发展。此过程与西方国家处理央地关系问题的方式有明显区别，形成了城市治理领域的中国经验。①

7.6 结论与讨论

注意力是解释行政竞标制模式的核心，注意力理论有助于解释行政竞标制项目设计的目的、启动、实施过程等议题。研究指出，中央政府设计行政竞标项目的目的是在纵向范围内履行其工作职责，地方政府参与竞标项目是因为纵向激励、横向竞争与借势协同创新效应激活了他们的注意力。为了有效启动竞标项目，地方政府需要通过"一把手挂帅"、政治动员、媒介宣传等多种渠道广泛宣传竞标的内容、要求等信息，将注意力有效传递给各方城市治理主体。为了有效实施竞标项目，地方政府需要构建涵盖组织机制、制度体系、考核机制等要素的城市动态治理体系，促使各个城市治理主体将注意力转变为具体实践行为。从注意力吸引、转译和聚焦对象三个方面出发，本章指出行政竞标制是具有中国特色的城市管理之道，政治权威高位推动、动态考核和规范、以人民为中心、强化治理协同是独特的中国经验。

应用注意力理论，本章对行政竞标制的理论意蕴做出了三个方面的探索：第一，研究表明，类似全国文明城市创建之类的行政竞标制实践在中国情境下具有很强的适用性，为城市治理提供了"压力型"和"发包制"之外的新型政策工具选择，丰富了具有中国特色的城市治理体系

---

① 贺东航，孔繁斌. 公共政策执行的中国经验［J］. 中国社会科学，2011（5）：61-79，220-221.

研究；第二，解析了行政竞标制能够发挥作用的核心条件，它的前提是能为地方政府提供政治和荣誉激励，带来相邻城市的竞争效应，关键是上级部门要动态设置考核指标，持续进行考核，定期保持压力，给予地方政府借势整合的契机，提升城市综合治理能力；第三，揭示了行政竞标制的内在运行逻辑，为行政竞标制与注意力理论的整合提供了新的叙事框架，也为后续应用其他理论视角深化对行政竞标制的理解提供了借鉴。研究结论为未来管理实践提供了新的指南：第一，中央政府须加大整合各个领域的治理目标，设计精准化的行政竞标制项目，尊重地方自主权，设计科学的动态监督指标，给予适当的激励，同时给城市施加适当的压力，促使地方政府整合资源，协同创新，提升城市治理水平；第二，中央政府要继续强化推进和创新全国文明城市创建工作，持续激发地方政府申报全国文明城市评选的动机，进一步完善和推动全国文明典范城市的创建工作，充分发挥全国文明城市评选的城市治理功能；第三，地方政府在参与行政竞标项目之后，要紧密围绕市民需求，构建以动态考核为核心的管理机制，为他们提供高质量的公共服务，让人民受益，实现中央政府的政策目标。

第8章 苏州市全国文明城市创建过程中市民参与状况调查

 研究框架及研究设计

8.1.1 研究框架

本章研究以计划行为理论为基础,分析影响苏州市市民参与全国文明城市创建的相关因素,研究框架见图8.1。"行为态度"是自变量1、"主观规范"是自变量2、"知觉行为控制"是自变量3,"参与行为"是因变量,"参与意图"是中介变量,"参与影响"是其他变量,主要研究各变量与"参与意图"及"参与行为"之间的关系。

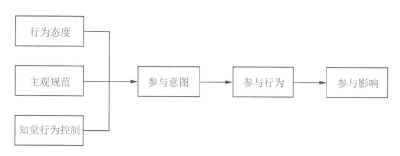

图8.1 研究框架

8.1.2 研究设计

本研究涉及计划行为理论的5个维度和"参与影响"维度,一共6个维度,因此,对变量的准确测量是保证结果可靠的重要前提。为了保证研究调查问卷的信度和效度，本研究所设计的调查问卷在参考了国内外大量调查问卷的基础之上，结合研究对象的现状和研究目的，对题设进行了相应的修改与完善。

本研究调查问卷中的量表题均采用李克特7级计分法，从"1=非常不认同"到"7=非常认同"。

因变量：本研究的因变量为"参与行为"，本研究参考了李娜[①]、陈良煌[②]、李春梅[③]分别开发的关于参与行为的量表，并进行了适当的修改。题项有"我经常参与全国文明城市创建的相关活动""我经常关注全国文明城市创建的相关内容""我乐于与他人交流全国文明城市创建的相关内容""您愿意通过社区、单位或媒体平台表达关于全国文明城市创建的想法""您愿意鼓励周围的人参与全国文明城市创建的相关活动"。

自变量：本研究的自变量1为"行为态度"，借鉴了包元杰、李超平[④]的问卷，并进行了适当的修改，题项有"您认为苏州市创建全国文明城市是很有必要的""您认为参与全国文明城市创建相关活动是市民责任所在""您认为参与全国文明城市创建相关活动可以实现自我价值，有成就感""您认为参与全国文明城市创建相关活动可以获得荣誉，对自己生活、工作发展有帮助"。自变量2为"主观规范"，借鉴了陈良煌和李娜的问卷，并进行了适当的修改，题项有"城市、社区中的全国文明城市创建氛围很好，让您充满激情加入其中""您的家人、朋友对全国文明城市创建参与度很高""您的家人、朋友对您参与全国文明城市创建相关活动支持度很高""您周围的人对您参与全国文明城市创建相

---

① 李娜. 计划行为理论视角下的老年人网络社会参与及其影响因素研究：以"老小孩"社区网站为例 [D]. 上海：上海外国语大学，2017.

② 陈良煌. 开放式创新社区用户参与行为影响因素的实证研究 [D]. 南昌：江西师范大学，2015.

③ 李春梅. 城镇居民公众参与认知、态度和行为关系的实证研究 [M]. 北京：中国社会科学出版社，2017：175.

④ 包元杰，李超平. 公共服务动机的测量：理论结构与量表修订 [J]. 中国人力资源开发，2016（7）：83-91.

关活动的认可度很高"。自变量 3 为"知觉行为控制",借鉴了李春梅[1]的参与行为量表,并进行了适当的修改,例如,题项有"您认为您有能力参与全国文明城市创建相关活动""您认为您在参与全国文明城市创建相关活动过程中能做得很好"。其余题项为原创设计。

中介变量:本研究的中介变量为"参与意图",借鉴了李春梅的相关题项,并进行了适当的修改,例如,题项有"您非常愿意参加全国文明城市创建相关活动""您认为作为苏州市市民,应该要了解苏州市全国文明城市创建的最新进展"。其余题项为原创设计。

其他变量:本研究其他变量相关题项参考俞可平[2]关于市民参与民主政治的意义中的相关题项,例如,题项有"优化公共政策,使其科学化、民主化""利于监管,预防政府职权滥用""利于稳定社会治安、促进居民生活和谐"。其余题项为原创设计。

8.2 数据来源和样本分析

8.2.1 数据来源

首先,问卷的受访者是随机抽样选取的调研对象,主要采用"问卷星"平台发放问卷的方式。为确保较高的问卷适用率和回收率,本研究的调查问卷采取了如下设计。第一,采取非结构化问卷。问卷由两个部分组成,第一部分调查受访者的基本信息,主要包括性别、年龄、学历、职业、月收入、在苏州市的居住年限、是否参与过苏州市全国文明城市创建相关活动等内容(表 8.1)。第二部分调查苏州市市民相关情况,主要通过 6 个维度 7 级量表测量:行为态度、主观规范、知觉行为控制、参与意图、参与行为及参与影响。第二,在填写调查问卷之前,

---

[1] 李春梅. 城镇居民公众参与认知、态度和行为关系的实证研究 [M]. 北京:中国社会科学出版社, 2017: 175.
[2] 俞可平. 没有法治就没有善治——浅谈法治与国家治理现代化 [J]. 马克思主义与现实, 2014 (6): 1-2.

会告知问卷的受访者此次调查采取不记名的方式,问卷的答案不会外泄,仅作为学术研究使用。问卷发放的时间为 2022 年 9 月至 11 月,期间共发放问卷 300 份,最终回收问卷 297 份,有效问卷共计 297 份,问卷有效回收率为 99.00%。

表 8.1 苏州市市民基本情况统计(问卷调查)

类别	选项	数量/人	百分比/%	累计百分比/%
性别	男	130	43.77	43.77
	女	167	56.23	100.00
年龄	18 岁以下	1	0.34	0.34
	18~25 岁	14	4.71	5.05
	26~45 岁	261	87.88	92.93
	46~60 岁	20	6.73	99.66
	61 岁及以上	1	0.34	100.00
教育程度	研究生及以上	25	8.42	8.42
	本科	48	16.16	24.58
	大专	175	58.92	83.50
	中专及以下	49	16.50	100.00
从事的职业	党政机关、事业单位工作者	102	34.34	34.34
	企业职工	120	40.40	74.75
	个体工商户	18	6.06	80.81
	自由职业者	14	4.71	85.52
	学生	4	1.35	86.87
	离退休人员	5	1.68	88.55
	其他	34	11.45	100.00
月收入	4000 元及以下	20	6.73	6.73
	4001~8000 元	119	40.07	46.80
	8001~12000 元	87	29.29	76.09
	12000 元以上	71	23.91	100.00

续表

类别	选项	数量/人	百分比/%	累计百分比/%
居住年限	1年及以下	13	4.38	4.38
	2~5年	42	14.14	18.52
	6~10年	65	21.88	40.40
	10年以上	177	59.60	100.00

其次，访谈对象是随机抽样选取的，主要采用线上访谈的方式。访谈的内容主要为受访者的基本信息，包括性别、年龄、职业、对于苏州市全国文明城市创建的看法及是否参与过苏州市全国文明城市创建活动。访谈的时间为2022年7月，共进行了16次访谈。

8.2.2 样本信息

对回收的297份问卷进行样本信息统计，结果如下。

8.2.2.1 苏州市市民基本情况统计表（问卷调查）

297份有效问卷对受访者的性别、年龄、教育程度、从事的职业、月收入、居住年限分别做了数量统计。在性别方面，"男"130人，占比43.77%，"女"167人，占比56.23%，男女比例为1:1.28，在合理范围内。在年龄方面，受访者的年龄主要集中在"26~45岁"这个年龄段，占比87.88%，这一年龄段的人员处于青壮年，是事业的上升期，他们对工作、生活有热情，而且在生活与工作中积累了一定的经验，还承担着抚养子女、赡养老人的角色，可能会面临生活、工作与参与全国文明城市创建相冲突的情况；其次是"46~60岁"的人员，占比6.73%，这一年龄段的人员在事业上处于平稳期，临近退休，孩子已经长大成人，闲暇的时间比较多，这两类人群都有比较重要的研究参考价值。在教育程度方面，受访者的教育程度为"大专学历"及以上的有248人，占比83.50%，受高等教育的人群比重较大，对于研究市民参与意识有重要的参考价值。在从事的职业方面，受访者中"企业职工"120人，占比40.40%，其次是"党政机关、事业单位工作者"102人，占比 34.34%，这类人群的工作内容经常会与全国文明城市创建有交叉，有重要的研究参考价值。在月收入方面，受访者的月收入主要集中在"4001~8000 元""8001~12000 元""12000 元及以上"，分别占比 40.07%、29.29% 和 23.91%，不同收入的群众对于研究市民参与的意愿有重要的参考价值。在居住年限方面，81.48% 的受访者在苏州市居住超过 5 年的时间，对苏州市全国文明城市创建带来的变化有一定的了解，有重要的研究参考价值。

8.2.2.2 苏州市市民基本情况统计（访谈）

对几个受访对象进行基本信息统计，得到如下结论。

如表 8.2 所示，在 16 次访谈中，对受访者的性别、年龄、从事的职业分别做了数量统计。在性别方面，"男"7 人，占比 43.75%，"女"9 人，占比 56.25%，男女比例为 1∶1.29，在合理范围内。在年龄方面，受访者的年龄主要集中在"26~45 岁"这个年龄段，占比 43.75%，这一年龄段的人员处于事业奋斗期，他们不仅有工作压力，还有生活压力，在选择是否参与苏州市全国文明城市创建活动上会比较矛盾，这类人群有比较重要的研究参考价值。在从事的职业方面，受访者中"党政机关、事业单位工作者"5 人，占比 31.25%，这类人群的工作内容有可能会与苏州市创建全国文明城市重合，有比较重要的参考价值。其次是"企业职工"4 人，占比 25.00%。

表 8.2 苏州市市民基本情况统计表（访谈）

类别	选项	数量/人	百分比/%	累计百分比/%
性别	男	7	43.75	43.75
	女	9	56.25	100.00
年龄	18 岁以下	0	0.00	0.00
	18~25 岁	4	25.00	25.00
	26~45 岁	7	43.75	68.75
	46~60 岁	3	18.75	87.50
	61 岁及以上	2	12.50	100.00

续表

类别	选项	数量/人	百分比/%	累计百分比/%
从事的职业	党政机关、事业单位工作者	5	31.25	31.25
	企业职工	4	25.00	56.25
	个体工商户	2	12.50	68.75
	自由职业者	3	18.75	87.50
	学生	0	0.00	87.50
	离退休人员	2	12.50	100.00
	其他	0	0.00	100.00

8.2.2.3 量表的信效度分析

8.2.2.3.1 "行为态度"量表信效度分析

"行为态度"量表共设置了5个题项，反映市民对全国文明城市创建的态度，以及自身对于参与全国文明城市创建的态度，经过信效度分析，保留5个题项，均采用正向计分，即分数越高，对参与创建全国文明城市的显著信念越高，参与全国文明城市创建的意向越强烈，越容易参与全国文明城市创建。

如表8.3所示，"行为态度"量表的克隆巴赫系数（Cronbach's alpha）值为0.961，大于0.9，因而说明量表数据内部一致性信度较高。从模型平均提取方差值（AVE）和组合信度（C.R.）指标结果来看，行为态度五个维度的 AVE 值为0.842，大于0.5；且 C.R. 值为0.964，大于0.7，说明量表数据具有较好的效度。

表 8.3 "行为态度"量表信度、效度检验表

变量	题项	克隆巴赫系数（Cronbach's alpha）	平均提取方差值（AVE）	组合信度（C.R.）
行为态度	A1 您认为全国文明城市创建的作用非常重要	0.961	0.842	0.964
	A2 您认为苏州市创建全国文明城市是很有必要的			

续表

变量	题项	克隆巴赫系数（Cronbach's alpha）	平均提取方差值（AVE）	组合信度（C.R.）
行为态度	A3 您认为参与全国文明城市创建相关活动是市民责任所在	0.961	0.842	0.964
	A4 您认为参与全国文明城市创建相关活动可以实现自我价值，有成就感			
	A5 您认为参与全国文明城市创建相关活动可以获得荣誉，对自己生活、工作发展有帮助			

8.2.2.3.2 "主观规范"量表信效度分析

"主观规范"量表共设置了 5 个题项，反映市民家人、朋友、周围的人、单位对参与全国文明城市创建的看法，以及对于受访者参与全国文明城市创建的态度，经过信效度分析，保留 5 个题项，均采用正向计分，即分数越高，受到的主观规范越大，参与全国文明城市创建的意向越强烈，参与全国文明城市创建的可能性越大。

如表 8.4 所示，"主观规范"量表的克隆巴赫系数值为 0.955，大于 0.9，因而说明量表数据内部一致性信度较高。从模型 AVE 和 C.R. 指标结果来看，主观规范五个维度的 AVE 值为 0.815，大于 0.5；且 C.R. 值为 0.956，大于 0.7，说明量表数据具有较好的效度。

表 8.4 "主观规范"量表信度、效度检验表

变量	题项	克隆巴赫系数（Cronbach's alpha）	平均提取方差值（AVE）	组合信度（C.R.）
主观规范	B1 您的家人、朋友对全国文明城市创建参与度很高	0.955	0.815	0.956
	B2 您的家人、朋友对您参与全国文明城市创建相关活动支持度很高			
	B3 您周围的人对您参与全国文明城市创建相关活动的认可度很高			

续表

变量	题项	克隆巴赫系数(Cronbach's alpha)	平均提取方差值(AVE)	组合信度(C.R.)
主观规范	B4 城市、社区中的全国文明城市创建氛围很好，让您充满激情加入其中	0.955	0.815	0.956
	B5 因为单位鼓励、统筹安排，所以您参与全国文明城市创建相关活动			

8.2.2.3.3 "知觉行为控制"量表信效度分析

"知觉行为控制"量表共设置了 5 个题项，反映市民是否有时间和能力参与全国文明城市创建，经过信效度分析，保留 5 个题项，均采用正向计分，即分数越高，市民认为自己掌握的资源越多，参与创建的过程中遇到的阻碍越少，参与过程就越顺利，参与创建的意图就越强烈，参与全国文明城市创建的可能性也就越大。

如表 8.5 所示，知觉行为控制量表的克隆巴赫系数值为 0.958，大于 0.9，因而说明量表数据内部一致性信度较高。从模型 AVE 和 C.R. 指标结果来看，知觉行为控制五个维度的 AVE 值为 0.821，大于 0.5；且 C.R. 值为 0.958，大于 0.7，说明量表数据具有较好的效度。

表 8.5 "知觉行为控制"量表信度、效度检验表

变量	题项	克隆巴赫系数(Cronbach's alpha)	平均提取方差值(AVE)	组合信度(C.R.)
知觉行为控制	C1 您认为您有能力参与全国文明城市创建相关活动	0.958	0.821	0.958
	C2 您认为您在参与全国文明城市创建相关活动过程中能做得很好			
	C3 您认为可以抽出时间参与全国文明城市创建相关活动			
	C4 您能协调好家庭、工作和全国文明城市创建活动的时间安排			
	C5 您很清楚如何参与全国文明城市创建相关活动			

8.2.2.3.4 "参与意图"量表信效度分析

"参与意图"量表共设置了 5 个题项，反映市民是否会参与全国文明城市创建，经过信效度分析，保留 5 个题项，均采用正向计分，即分数越高，市民对于全国文明城市创建的参与意图越强烈，参与全国文明城市创建的可能性越大。

如表 8.6 所示，"参与意图"量表的克隆巴赫系数值为 0.975，大于 0.9，因而说明量表数据内部一致性信度较高。从模型 AVE 和 C.R. 指标结果来看，参与意图五个维度的 AVE 值为 0.887，大于 0.5；且 C.R. 值为 0.975，大于 0.7，说明量表数据具有较好的效度。

表 8.6 "参与意图"量表信度、效度检验表

变量	题项	克隆巴赫系数（Cronbach's alpha）	平均提取方差值（AVE）	组合信度（C.R.）
参与意图	D1 您非常愿意参加全国文明城市创建相关活动	0.975	0.887	0.975
	D2 参与全国文明城市创建相关活动，您愿意主动提出意见或建议			
	D3 只要您有时间，您就会参加全国文明城市创建相关活动			
	D4 您认为人人都应该参与全国文明城市创建相关活动，以加强对城市的认同感			
	D5 您认为作为苏州市市民，应该要了解苏州市全国文明城市创建的最新进展			

8.2.2.3.5 "参与行为"量表信效度分析

"参与行为"量表共设置了 5 个题项，反映市民如何参与全国文明城市创建，经过信效度分析，保留 5 个题项，均采用正向计分，即分数越高，参与全国文明城市创建的可能性越大。

如表 8.7 所示，"参与行为"量表的克隆巴赫系数值为 0.976，大于 0.9，因而说明量表数据内部一致性信度较高。从模型 AVE 和 C.R. 指标结果来看，参与行为五个维度的 AVE 值为 0.890，大于 0.5；且 C.R.

值为 0.976，大于 0.7，说明量表数据具有较好的效度。

表 8.7 "参与行为"量表信度、效度检验表

变量	题项	克隆巴赫系数（Cronbach's alpha）	平均提取方差值（AVE）	组合信度（C.R.）
参与行为	E1 您经常关注全国文明城市创建的相关内容	0.976	0.890	0.976
	E2 您经常参与全国文明城市创建的相关活动			
	E3 您愿意通过社区、单位或媒体平台表达关于全国文明城市创建的想法			
	E4 您乐于与他人交流全国文明城市创建的相关内容			
	E5 您愿意鼓励周围的人参与全国文明城市创建的相关活动			

8.2.2.3.6 "参与影响"量表信效度分析

"参与影响"量表共设置了 5 个题项，反映市民参与全国文明城市创建的作用，经过信效度分析，保留 5 个题项，均采用正向计分，即分数越高，市民参与影响越重要，参与全国文明城市创建的可能性越大。

如表 8.8 所示，"参与影响"量表的克隆巴赫系数值为 0.960，大于 0.9，因而说明量表数据内部一致性信度较高。从模型 AVE 和 C.R. 指标结果来看，参与影响五个维度的 AVE 值为 0.830，大于 0.5；且 C.R. 值为 0.960，大于 0.7，说明量表数据具有较好的效度。

表 8.8 "参与影响"量表信度、效度检验

变量	题项	克隆巴赫系数（Cronbach's alpha）	平均提取方差值（AVE）	组合信度（C.R.）
参与影响	F1 减少全国文明城市创建的成本	0.960	0.830	0.960
	F2 促进多方共建全国文明城市			
	F3 优化公共政策，使其科学化、民主化			
	F4 利于监管，预防政府职权滥用			
	F5 利于稳定社会治安、促进居民生活和谐			

8.3 苏州市全国文明城市创建过程中市民参与问题及负面影响

通过对问卷进行数据分析及对个人访谈内容的整理，梳理出苏州市全国文明城市创建过程中存在的市民参与问题，以及这些问题给苏州市全国文明城市创建带来的负面影响，主要体现在以下四个方面。

8.3.1 市民主动参与较少，影响文明创建工作开展

从297份可用样本中提取"参与意图"量表五个维度数据情况，进行平均值分析，结果见表8.9。

表8.9 苏州市市民"参与意图"水平情况表

变量	题项	样本量/份	平均得分
参与意图	D1 您非常愿意参加全国文明城市创建相关活动	297	5.374
	D2 参与全国文明城市创建相关活动，您愿意主动提出意见或建议	297	5.370
	D3 只要您有时间，您就会参加全国文明城市创建相关活动	297	5.283
	D4 您认为人人都应该参与全国文明城市创建相关活动，以加强对城市的认同感	297	5.411
	D5 您认为作为苏州市市民，应该要了解苏州市全国文明城市创建的最新进展	297	5.539
合计		297	5.395

"参与意图"量表采用的是正向计分，每个题项共设置7分，1分代表"非常不认同"，7分代表"非常认同"，分值越大，代表越符合题项描述。本研究将"参与意图"水平分为三个层次，得分均值小于4分时，代表市民参与全国文明城市创建的意图维持在较低水平；当得分均值介于4分和6分之间时，代表市民参与全国文明城市创建的意图维持在中等水平；当得分均值介于6分和7分之间时，代表市民参与全国文

明城市创建的意图维持在较高水平。并且，均值越低，参与意愿越低；均值越高，参与意愿越高。根据表8.9可知，苏州市市民"参与意图"总体得分均值为5.395，处于中等水平，说明苏州市市民对于参与全国文明城市创建的意愿一般。

由图8.2可知，在受访的297位市民中，关于问题"是否参与过苏州市全国文明城市创建相关活动"，选择"没有参与过"的市民有113人，占比38.05%，选择"参与过"的市民有184人，占比61.95%，说明参与过苏州市全国文明城市创建活动的市民占比近2/3，但是《文明城市测评体系》规定，市民群众对创建全国文明城市的参与率要达到98%以上，可以看出苏州市市民参与全国文明城市创建的参与率距离国家要求水平还差得很远。虽然"主动参与"的市民较"被动参与"的市民多，但是"主动参与过"全国文明城市创建的市民仅占调查市民总体的1/3，说明苏州市市民的主动参与率也比较低。

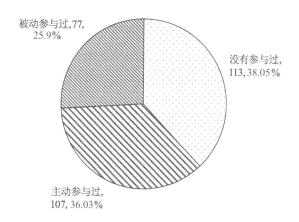

图8.2　您是否参与过苏州市全国文明城市创建相关活动各选项占比情况

根据表8.10排列分布可以看出，"参与意图"维度各题项选择主要集中于"中性""略微认同""部分认同""完全认同"这四个选项，平均占比高达87.54%，其中"完全认同"平均占比最高，为38.18%，说明题项内容符合大部分受访者的直观感受，但是"中性""略微认同""部分认同"平均占比49.36%，说明仍有相当一部分受访者对于全国文明城市创建的参与意图不强，不太愿意主动参与全国文明城市创建。

表8.10 "参与意图"维度各题项分布情况

题项	完全不认同	部分不认同	略微不认同	中性	略微认同	部分认同	完全认同
D1 您非常愿意参加全国文明城市创建相关活动	4.04%	4.71%	3.70%	14.48%	21.89%	12.79%	38.38%
D2 在参与全国文明城市创建相关活动过程中，您愿意主动提出意见或建议	3.03%	5.05%	3.70%	16.16%	19.87%	16.50%	35.69%
D3 只要您有时间，您就会参加全国文明城市创建相关活动	5.72%	4.38%	5.05%	14.48%	18.18%	15.49%	36.70%
D4 您认为人人都应该参与全国文明城市创建相关活动，以加强对城市的认同感	5.05%	3.03%	4.71%	13.13%	20.88%	13.47%	39.73%
D5 您认为作为苏州市市民，应该要了解苏州市全国文明城市创建的最新进展	3.70%	4.04%	2.36%	12.12%	20.54%	16.84%	40.40%
平均值	4.31%	4.24%	3.90%	14.07%	20.27%	15.02%	38.18%

苏州市市民主动参与较少主要表现在以下几个方面。

一是主观上愿意参加全国文明城市创建相关活动，选择"不认同"的受访者占12.45%，14.48%持中立的态度，21.89%表示"略微认同"，说明有相当一部分苏州市市民对于参加全国文明城市创建相关活动的意图不强烈。

访谈对象1（女，46岁，个体工商户）：说到全国文明城市创建我就头疼，真是影响我们做生意，每次检查都不允许我们把商品摆在门外，要把东西全部搬到店里面，用来招揽生意的广告牌也不能多做，我是不太情愿去参加这个文明创建的。

二是愿意主动提出意见或建议，选择"不认同"的受访者占11.78%，16.16%持中立的态度，19.87%表示"略微认同"，说明有相当一部分苏州市市民即使参与全国文明城市创建相关活动，主动提出意见建议的意图也不强烈。

访谈对象2（男，32岁，企业职工）：我们都是因为单位组织才参与全国文明城市创建活动，说是自愿参与，其实就是强制，都是双休日，我们就想着赶快把事情做完应付过去赶紧回家，根本没有时间也想不到要去提意见或者建议。

三是只要有时间就愿意参加全国文明城市创建相关活动，选择"不认同"的受访者占15.15%，14.48%持中立的态度，18.18%表示"略微认同"，说明有相当一部分苏州市市民即使有时间，参与全国文明城市创建的意图也不强烈。

访谈对象3（女，28岁，自由职业者）：虽然我工作的时间不固定，时间可以自由支配，但是我也不愿意拿出时间去参与全国文明城市创建，我只会花时间在自己感兴趣的事情上，全国文明城市就让公职人员去创建吧。

四是认为城市认同感和参与全国文明城市创建相关活动有关联，选择"不认同"的受访者占12.79%，13.13%持中立的态度，20.88%表示"略微认同"，说明有相当一部分苏州市市民认为城市认同感与参与全国文明城市创建没有直接关联。

访谈对象4（男，30岁，党政机关、事业单位工作者）：我认为城市认同感和参与文明城市创建相关活动关联不大，一个人对城市的认同不应该依靠参与几次活动得来，而是要发自内心，由内而外。

五是认为市民应该要了解苏州市全国文明城市创建的最新进展，选择"不认同"的受访者占10.10%，12.12%持中立的态度，20.54%表示"略微认同"，说明有相当一部分苏州市市民认为了解苏州市全国文明城市创建的最新进展不是市民必须要做的事。

访谈对象5（女，24岁，企业职工）：我觉得市民不一定要了解文明城市创建的最新进展，我听身边很多人说全国文明城市创建大部分是"面子工程"，会增加一部分人的工作量，像是没刷多久的斑马线为了应付检查又要再刷一遍，还有朋友大热天被安排去站马路，来往的人都觉得奇怪，这种进展也没有必要关注和了解。

创建全国文明城市的目的是提升市民的文明素质，提高城市的文明程度，从而增加市民的幸福感和获得感。市民作为城市的主人，也是城市发展的受益者，应该多多参与到全国文明城市创建中去。但是苏州市市民在创建全国文明城市过程中，不愿意主动参与，从而导致参与率达不到国家要求的标准，在一定程度上影响了苏州市全国文明城市创建工作的开展。

8.3.2 市民实际参与率低，增加文明城市创建成本

从 297 份可用样本中提取"参与行为"量表五个维度数据情况，进行平均值分析，结果见表 8.11。

表 8.11 苏州市市民"参与行为"水平情况表

变量	题项	样本量/份	平均得分
参与行为	E1 您经常关注全国文明城市创建的相关内容	297	5.135
	E2 您经常参与全国文明城市创建的相关活动	297	5.007
	E3 您愿意通过社区、单位或媒体平台表达关于全国文明城市创建的想法	297	5.202
	E4 您乐于与他人交流全国文明城市创建的相关内容	297	5.195
	E5 您愿意鼓励周围的人参与全国文明城市创建的相关活动	297	5.195
合计		297	5.147

"参与行为"量表采用的是正向计分，每个题项共设置 7 分，1 分代表"非常不认同"，7 分代表"非常认同"，分值越大，代表越符合题项描述。本研究将"参与行为"水平分为三个层次，得分均值小于 4 分，代表市民参与行为水平维持在较低水平；得分均值介于 4 分和 6 分之间，代表市民参与行为水平维持在中等水平；得分均值介于 6 分和 7 分之间，代表市民参与行为水平维持在较高水平。并且，均值越低，市民参与行为水平越低；均值越高，市民参与行为水平越高。根据表 8.11 可知，苏州市市民"参与水平"总体得分均值为 5.147，处于中等水平，说明苏州市市民参与全国文明城市创建的行为水平一般。

根据表 8.12 排列分布可看出,"参与行为"维度各题项选择主要集中于"中性""略微认同""部分认同""完全认同"这四个选项,占比高达 82.89%,其中"完全认同"占比最高,为 32.12%,说明题项内容符合大部分受访者的直观感受,但是"中性""略微认同""部分认同"占比 50.77%。由此可见,有相当一部分受访者对于全国文明城市创建的参与行为水平不高,市民的实际参与率处于较低水平。

表 8.12 "参与行为"维度各题项分布情况

题项	完全不认同	部分不认同	略微不认同	中性	略微认同	部分认同	完全认同
E1 您经常关注全国文明城市创建的相关内容	6.73%	4.04%	7.07%	16.16%	16.16%	16.84%	33.00%
E2 您经常参与全国文明城市创建的相关活动	6.06%	5.39%	7.07%	18.86%	17.17%	16.84%	28.62%
E3 您愿意通过社区、单位或媒体平台表达关于全国文明城市创建的想法	5.72%	5.05%	5.05%	13.47%	20.88%	17.85%	31.99%
E4 您乐于与他人交流全国文明城市创建的相关内容	5.39%	4.04%	6.73%	16.50%	16.84%	17.85%	32.66%
E5 您愿意鼓励周围的人参与全国文明城市创建的相关活动	6.40%	4.38%	6.40%	13.13%	19.87%	15.49%	34.34%
平均值	6.06%	4.58%	6.46%	15.62%	18.18%	16.97%	32.12%

苏州市市民主动参与较少主要表现在以下几个方面。

一是对于经常关注全国文明城市创建相关内容,选择"不认同"的受访者占 17.84%,16.16% 持中立的态度,16.16% 表示"略微认同",说明有相当一部分苏州市市民不经常关注全国文明城市创建相关内容。

访谈对象 6(男,38 岁,个体工商户):我平时不会主动关注全国文明城市创建相关内容,对于全国文明城市创建只知道个大概,相关内容基本上都是被动接收的,比如说在微信浏览公众号的文章时会刷到一些关于苏州市全国文明城市创建的内容,再比如说走在路上或者小区里,会看到相关的公益广告。

二是对于经常参与全国文明城市创建相关活动,选择"不认同"的受访者占 18.52%，18.86% 持中立的态度，17.17% 表示"略微认同"，说明有相当一部分苏州市市民不经常参与全国文明城市创建相关活动。

访谈对象 7（女，61 岁，离退休人员）：我刚到苏州市没多久，对这里不太熟悉，最熟悉的就是小区周边，也不知道怎么参加全国文明城市创建，再加上平时要照顾孙女，就算是想去也没什么时间。

三是对于通过不同渠道表达关于全国文明城市创建的想法，选择"不认同"的受访者占 15.82%，13.47% 持中立的态度，20.88% 表示"略微认同"，说明有相当一部分苏州市市民很少会通过不同渠道表达对于全国文明城市创建的想法。

访谈对象 8（男，21 岁，自由职业者）：之前发现生活中存在的不文明现象或者是道路坑洼损坏什么的，还会打 12345 反映，但是感觉没有什么用，后面就不高兴再反馈了。其他关于全国文明城市创建的想法，感觉提出来相关单位也不会被采纳，还是不花时间在这个上面了。

四是对于与他人交流全国文明城市创建的相关内容，选择"不认同"的受访者占 16.16%，16.50% 持中立的态度，16.84% 表示"略微认同"，说明有相当一部分苏州市市民很少会与他人交流全国文明城市创建的相关内容。

访谈对象 9（男，65 岁，离退休人员）：我平时经常在社区报名参加全国文明城市创建活动，我认为全国文明城市创建是好事情。虽然我已经退休了，但是我觉得我还可以发光发热。不过交流也就是和一起参与的人交流，不参与的人和他们聊这个他们也不感兴趣。

五是对于鼓励周围的人参与全国文明城市创建相关活动，选择"不认同"的受访者占 17.18%，13.13% 持中立的态度，19.87% 表示"略微认同"，说明有相当一部分苏州市市民很少会鼓励周围的人参与全国文明城市创建相关活动。

访谈对象 10（女，40 岁，党政机关、事业单位工作者）：我平时公务已经很繁忙了，经常要加班，周末还要值班，不放假的时候想着多陪伴自己的孩子。除了单位组织的全国文明城市创建活动，空闲的时候一般也不会主动参与，自己都没有以身作则，更别提鼓励其他人去参与了。

城市治理如果单纯依靠政府，那么很容易造成公共决策片面性、缺乏持续性等问题，所以市民参与创建全国文明城市非常重要和必要。我们通过对从未参与过的市民进行询问，发现他们大多认为参与全国文明城市创建活动是要进行投票或者去实地进行创建工作才算，可见部分市民参与意识较为模糊。而且大部分市民认为自己遵守交通规则、不闯红灯、不违章停车就是主动参与全国文明城市创建，这都是一些浅层次的参与，并没有发挥市民参与的积极作用，在无形之中增加了苏州市创建全国文明城市的成本。

8.3.3 市民参与渠道单一，主题活动开展创新较少

由图 8.3 可知，在受访的 297 位市民中，在参与形式上，27.29% 的市民愿意采用"网络参与"的形式；26.18% 的市民愿意采用"调查问卷"的形式；18.70% 的市民愿意采用"单位组织"的形式；15.79% 的市民愿意采用"社区组织"的形式；愿意采用"自发组织"和"热线电话"形式参与的市民较少，比例分别为 6.79% 和 5.26%，这说明苏州

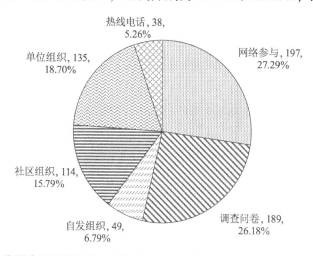

图 8.3 您愿意通过哪些方式参与全国文明城市创建相关活动各选项占比情况

市市民首先更多地愿意采用线上或者问卷调查的形式参与全国文明城市创建，其次愿意采用"单位组织"或者"社区组织"的形式。由此可见，苏州市市民参与全国文明城市的渠道比较单一，主题活动开展创新相对较少，且市民更愿意采用参与时间成本花费较低的形式，所以参与的效果也相对较差。

访谈对象 11（男，23 岁，企业职工）：我比较愿意通过线上的方式参与全国文明城市创建，因为这种方式可以随时随地参与，没有什么时间和地点的限制，之前我也报名过线下的志愿活动，但是那次我临时有事要取消，总感觉耽误其他的志愿者，也影响活动了。

由图 8.4 可知，在受访的 297 位市民中，在了解文明城市创建的渠道方面，22.12%的市民通过"社交媒体：微信、微博"；21.42%的市民通过"专业新闻媒体：电视、广播、报纸、新闻网站"；16.07%的市民通过"社区宣传：入户宣传、社区活动"；15.95%的市民通过"政府发布：政府网站、政府会议"；15.02%的市民通过"氛围布置：街边公益广告、围挡"；9.43%的市民通过"听周围的人说"。这说明苏州市市民主要通过新媒体接收到全国文明城市创建的信息。

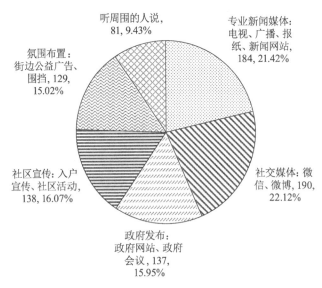

图 8.4　您通常会通过哪些渠道了解苏州市全国文明城市创建各选项占比情况

访谈对象12（女，48岁，党政机关、事业单位工作者）：现在大家了解苏州市全国文明城市创建的途径主要还是通过传统的方式，比如政府的网站、传统媒体、社区宣传，还有一些氛围布置。虽然近几年政府在新媒体上的宣传有一定的成效，但是覆盖面还是不够广，受众比较小。

要想保证市民参与的效果并保障市民参与的权利，搭建一个操作高效、制度完善的平台是必经之路。当前，尽管市民拥有很多参与的渠道，但是这些渠道在实际应用时或多或少会存在一些问题，导致市民真正可以使用的渠道非常有限。在日常生活中，当市民的利益受到侵害时，大家的第一反应是打电话投诉、在网站留言。由于政府对新媒体平台的利用率不高，宣传效果也不尽如人意，这些新渠道无法发挥应有的作用，加上市民无法知道所有的参与渠道，参与渠道的实际表现还是单一的、狭窄的。同时，苏州市全国文明城市创建面向市民开展的活动缺少创新，很难吸引市民参与，难以保证文明创建的效果。

8.3.4 市民参与项目较少，弱化城市公共服务供给

由图8.5可知，在受访的297位市民中，在参与全国文明城市创建活动的种类方面，"参与问卷调查或民意测评"的比例最高，占比

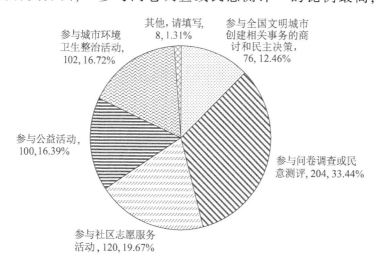

图8.5　您参与过以下哪些全国文明城市创建相关活动各选项占比情况

33.44%;"参与社区志愿服务活动"占比19.67%;"参与城市环境卫生整治活动"占比16.72%;"参与公益活动"占比16.39%;"参与全国文明城市创建相关事务的商讨和民主决策"占比12.46%。这说明苏州市只有极少一部分市民才可以参与到民主决策中,大部分市民虽然参与意识已经开始觉醒,但是在实际情况下,仅能浅表层地参与创建工作,参与层次总的来说处于较低水平。

"文明餐桌""志愿服务""文明交通"是市民接触比较多的文明宣传,但是关于社会治理的宣传较少,比如管理市容市貌、管理环境卫生等。加上公共事务往往是在达到一定程度后再推行的面向公众的公共参与,无法在根源上解决市民的烦恼,也无法保障市民的真正需求,市民对全国文明城市创建的参与尚未在全国文明城市创建的全过程中发挥作用。

访谈对象13(男,38岁,企业职工): 我参与全国文明城市创建一般就是填填问卷,有时候是填写街头的随机问卷调查,比如关于×××的满意度,有时候是填写微信公众号上发布的问卷调查,填完还有红包的那种。其他方面的活动我好像还真的没怎么接触过。我看我同事的社区有挺多活动的,可是我从来没看到我们社区办活动,也有可能办的活动我不知道吧,如果有的话我会想着去参加,只是填填问卷感觉不能直接参与全国文明城市创建。

在全国文明城市创建筹备阶段,市民的参与往往局限为针对具体项目的调查、走访,涉及的公众面较窄。在相关立法、实施监督等方面,市民参与还基本处于空白状态。这些现象说明市民能参与的项目仍还比较少,没有覆盖全国文明城市创建的全过程,所以导致市民在全国文明城市创建中参与的比例很小。

访谈对象14(女,52岁,离退休人员): 我们一群玩得好的老姐妹有空的时候会主动去参加社区的志愿活动。上次社区举办了"无忧市集",开展"红格先锋,便民志愿服务"活动,为大家提供了很多便民的服务,比如免费理发、修理家电等。我觉得这样的形式蛮好的,的确是帮助到了老百姓,只不过这个活动只针对社区内部,还是有些局限性。

访谈对象15（女，35岁，党政机关、事业单位工作者）：全国文明城市的创建如果只靠政府单位自上而下的开展，而不依靠市民自下而上的参与，那么就很难推进，成果也很难保持。我认为现在苏州市市民参与的广度还不够，覆盖不了全部的公共服务。

公共服务的高质量发展标志着城市的文明程度，高质量的公共服务会让市民有幸福感和获得感，也是城市治理能力的集中体现。公共服务供给是推动城市现代化进程的一项内容，市民可以参与的项目较少，就无法完全保障市民的权益，无法有效发挥公共服务的作用，会弱化城市的基本公共服务供给。

8.4 苏州市全国文明城市创建过程中市民参与问题原因分析

8.4.1 市民参与意识淡薄，文明创建主动参与率低

从297份可用样本中提取"行为态度"量表五个维度数据情况，进行平均值分析，结果见表8.13。

表8.13 苏州市市民"行为态度"水平情况表

变量	题项	样本量/份	平均得分
行为态度	A1 您认为全国文明城市创建的作用非常重要	297	5.936
	A2 您认为苏州市创建全国文明城市是很有必要的	297	6.013
	A3 您认为参与全国文明城市创建相关活动是市民责任所在	297	5.912
	A4 您认为参与全国文明城市创建相关活动可以实现自我价值，有成就感	297	5.663
	A5 您认为参与全国文明城市创建相关活动可以获得荣誉，对自己生活、工作发展有帮助	297	5.552
	合计	297	5.815

"市民态度"量表采用的是正向计分，每个题项共设置7分，1分代表"非常不认同"，7分代表"非常认同"，分值越大，代表越符合题

项描述。本研究将"行为态度"水平分为三个层次，得分均值小于 4 分，代表市民行为态度维持在较低水平；得分均值介于 4 分和 6 分之间，代表市民行为态度维持在中等水平；得分均值介于 6 分和 7 分之间，代表行为态度维持在较高水平。并且，均值越低，行为态度越消极；均值越高，行为态度越积极。根据表 8.13 可知，苏州市市民"行为态度"总体得分均值为 5.815，而且每题项得分比较接近，处于中等水平，说明苏州市市民对参与全国文明城市创建的态度不够积极。

根据表 8.14 排列分布可看出，"行为态度"维度各题项选择主要集中于"略微认同""部分认同""完全认同"这三个选项，占比高达 81.76%，其中"完全认同"占比最高，为 51.45%，说明题项内容符合大部分受访者的直观感受。其中，仅半数的受访者完全认同全国文明城市创建的必要性与重要性，认为市民应该参与创建全国文明城市。另外，9.29% 的受访者在不同程度上不认同全国文明城市创建的必要性和重要性，也不认同市民应该参与创建全国文明城市，说明苏州市市民参与全国文明城市创建的意识比较淡薄。

表 8.14 "行为态度"维度各题项分布情况

题项	完全不认同	部分不认同	略微不认同	中性	略微认同	部分认同	完全认同
A1 您认为文明城市创建的作用非常重要	3.37%	1.35%	2.02%	9.76%	13.47%	15.15%	54.88%
A2 您认为苏州市创建文明城市是很有必要的	3.03%	1.35%	2.02%	7.74%	13.80%	14.81%	57.24%
A3 您认为参与文明城市创建相关活动是市民责任所在	2.69%	2.36%	2.69%	7.41%	15.49%	16.84%	52.53%
A4 您认为参与文明城市创建相关活动可以实现自我价值，有成就感	3.70%	3.37%	5.05%	9.09%	15.15%	16.84%	46.80%
A5 您认为参与文明城市创建相关活动可以获得荣誉，对自己生活、工作发展有帮助	4.71%	4.71%	4.04%	10.77%	14.48%	15.49%	45.79%
平均值	3.50%	2.63%	3.16%	8.95%	14.48%	15.83%	51.45%

由图 8.6 可知，在受访的 297 位市民中，在对苏州市创建全国文明

城市的关注程度方面,关注全国文明城市创建的市民占比达到75.08%,其中,55.89%的市民表示"关注",19.19%的市民表示"非常关注",说明苏州市市民普遍对苏州市全国文明城市创建的关注程度较高,但还有一部分市民不关注全国文明城市创建,社会责任感淡漠,公众参与主体性有待提升。我们从实际调查中发现,市民并不愿意花费时间去关注、了解全国文明城市创建,整体的参与主体性不足。

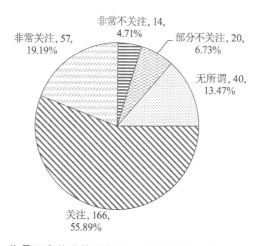

图8.6 您是否会关注苏州市创建全国文明城市各选项占比情况

访谈对象16(女,25岁,自由职业者):我平时不怎么会去主动关注苏州市的全国文明城市创建。我觉得文明创建是政府的责任,是政府的事,我关注与否并不会影响结果,没有必要花时间去关注。

本研究以"参与行为"作为因变量进行分层回归分析,目的是验证"行为态度"会对"参与行为"产生正面的影响,即市民对参与全国文明城市创建积极正向的态度会促进市民做出参与全国文明城市创建的行为(表8.15)。本研究首先将性别、年龄等基础信息进行分析(模型1),其次加入"行为态度"进行分析(模型2),最后加入"参与意图"进行分析(模型3)。

针对模型1:将"性别""年龄段""受教育程度""目前从事的职业"等基础信息作为自变量,将"参与行为"作为因变量,进行线性回归分析,从表8.15中可以看出:模型R^2值为0.089,代表自变量可以解释参与行为的8.9%变化原因。仅有"目前从事的职业"的回归系数值为0.135,并且呈现出显著性($t=2.451$,$p=0.015<0.05$),代表市民从事的"职业"会对"参与行为"产生显著的正向影响关系。

针对模型2:其在模型1的基础上加入"行为态度"后,F值变化呈现出显著性($p<0.05$),代表"行为态度"加入后,对模型具有解释意义。从表8.15中可以看出:R^2值由0.089上升到0.580,上升了6倍以上,代表"行为态度"可对"参与行为"产生49.1%的解释力度。而且"行为态度"的回归系数值为0.834,并且呈现出显著性($t=18.382$,$p=0.000<0.01$),代表"行为态度"会对"参与行为"产生显著正向的影响关系,即"行为态度"与"参与行为"正相关,市民行为态度越积极,越容易做出参与全国文明城市创建的行为。

针对模型3:其在模型2的基础上加入"参与意图"后,F值变化呈现出显著性($p<0.05$),意味着"参与意图"加入后对模型具有解释意义。另外,R^2值由0.580上升到0.863,上升了48.79%,意味着"参与意图"可对"参与行为"产生28.3%的解释力度。具体来看,"参与意图"的回归系数值为1.027,并且呈现出显著性($t=24.456$,$p=0.000<0.01$),代表在"行为态度"正向的基础上,"参与意图"会对"参与行为"产生显著的正向影响关系,即市民参与意图越明显,越容易做出参与全国文明城市创建的行为。

表8.15 以"参与行为"为因变量的分层回归分析结果1

	模型1	模型2	模型3
常数	6.520**(5.924)	2.219**(2.830)	1.114*(2.475)
性别	-0.342(-1.759)	-0.428**(-3.236)	-0.207**(-2.723)
年龄段	0.149(0.545)	-0.022(-0.117)	-0.084(-0.792)
受教育程度	-0.278(-1.916)	-0.201*(-2.031)	-0.054(-0.959)
目前从事的职业	0.135*(2.451)	0.010(0.272)	-0.031(-1.417)
月收入情况	-0.133(-1.120)	-0.126(-1.555)	-0.092*(-1.992)

续表

	模型 1	模型 2	模型 3
苏州市居住的年限	-0.142(-1.249)	-0.091(-1.178)	-0.014(-0.320)
行为态度		0.834**(18.382)	-0.069(-1.539)
参与意图			1.027**(24.456)
样本量	297	297	297
R^2	0.089	0.580	0.863
调整 R^2	0.070	0.570	0.860
F 值	$F(6,290)=4.717, p=0.000$	$F(7,289)=57.011, p=0.000$	$F(8,288)=227.718, p=0.000$
$\triangle R^2$	0.089	0.491	0.283

因变量：参与行为。
* $p<0.05$，** $p<0.01$ 括号里面为 t 值。

政府想要鼓励市民参与全国文明城市创建，培养市民的参与意识是重中之重，如果市民没有参与意识，市民参与将无法推进。调查中发现，苏州市市民普遍存在参与意识淡薄，消极参与现象，我们根据"行为态度"对"参与行为"的正向影响关系，归纳出以下几点原因。

8.4.1.1 市民的参与认知不足

首先，受传统文化的影响，大部分市民对政府的职权有深深的误解，认为无论什么事情都应该由政府管控，对管理者产生了依赖。最重要的是，市民对政府产生了敬畏心理，习惯于服从与被管理，经常"被参与"到各项活动中。即使现在越来越多的市民意识到市民权利的重要性，但是由于服从管理的意识过于根深蒂固，市民无法摆脱，久而久之，表现出来的是对公共事务的冷漠，再也无法激发起参与公共事务的热情，更别提会自发地参与到公共事务中去。[1]

其次，因为市民对全国文明城市创建工作表现出淡漠，不愿意主动了解什么是全国文明城市创建，所以市民对全国文明城市的内涵理解不

---

[1] 李琼琼. 新时代公众参与社会治理的现实困境及建构维度 [J]. 河北青年管理干部学院学报，2021, 33（6）: 43-46.

到位，将全国文明城市中的"文明"简单地等同于物质文明或者精神文明。他们没有深刻认识到"全国文明城市"中"文明"的丰富精神内涵，即"文明"不仅包括物质文明和精神文明，还包括生态、社会和政治的文明。对全国文明城市的理解不到位，市民就不会真心愿意为全国文明城市的创建做出努力。

8.4.1.2 市民的参与责任意识薄弱

市民缺乏责任意识。一方面，市民不仅仅是城市的居民，还是城市的主人，这个身份很容易被市民忽略，作为主人就应该主动参与城市的治理，但是大部分市民认为城市治理主要依赖政府，而忽视甚至放弃了参与城市治理这个所有市民都应该享有的权利。另一方面，市民不愿意履行应尽的义务，他们认为全国文明城市创建是领导干部的"政绩工程"，是形式主义。市民从心底不认同全国文明城市创建会给城市、社会和个人带来好处，导致参与的热情不高涨、不持续。

8.4.2 市民参与动机不足，市民参与持续性低

从297份可用样本中提取"主观规范"量表五个维度数据情况，进行平均值分析，结果见表8.16。

表8.16 苏州市市民"主观规范"水平情况表

变量	题项	样本量/份	平均得分
主观规范	B1 您的家人、朋友对全国文明城市创建参与度很高	297	5.320
	B2 您的家人、朋友对您参与全国文明城市创建相关活动支持度很高	297	5.448
	B3 您周围的人对您参与全国文明城市创建相关活动的认可度很高	297	5.384
	B4 城市、社区中的全国文明城市创建氛围很好，让您充满激情加入其中	297	5.310
	B5 因为单位鼓励、统筹安排，所以您参与全国文明城市创建相关活动	297	5.660
合计		297	5.424

"主观规范"量表采用的是正向计分,每个题项共设置7分,1分代表"非常不认同",7分代表"非常认同",分值越大,代表越符合题项描述。本研究将"主观规范"水平分为三个层次,得分均值小于4分,代表市民参与全国文明城市受到的社会压力在较低水平;得分均值介于4分和6分之间,代表市民参与全国文明城市受到的社会压力在中等水平;得分均值介于6分和7分之间,代表市民参与全国文明城市受到的社会压力维持在较高水平。并且,均值越低代表受到的社会压力越小,均值越高代表受到的社会压力越大。根据表8.16可知,苏州市市民"主观规范"总体得分均值为5.424,处于中等水平,说明苏州市市民参与全国文明城市创建受到的社会压力影响不大。

根据表8.17排列分布可看出,"主观规范"维度各题项选择主要集中于"中性""略微认同""部分认同""完全认同"这四个选项,占比高达86.59%,其中"完全认同"占比最高,为38.31%,即仅有1/3的受访者受社会压力的影响较大。另外,13.40%受访者受社会压力的影响较小,说明苏州市市民参与全国文明城市创建的动机不足,很难进行持续性的参与。

表8.17 "主观规范"维度各题项分布情况

题项	完全不认同	部分不认同	略微不认同	中性	略微认同	部分认同	完全认同
B1 您的家人、朋友对文明城市创建参与度很高	4.71%	3.03%	6.73%	14.48%	19.53%	15.15%	36.36%
B2 您的家人、朋友对您参与文明城市创建相关活动支持度很高	3.37%	3.37%	5.72%	12.79%	19.53%	17.85%	37.37%
B3 您周围的人对您参与文明城市创建相关活动的认可度很高	3.70%	3.37%	7.41%	13.13%	18.52%	16.50%	37.37%
B4 城市、社区中的文明城市创建氛围很好,让您充满激情加入其中	5.05%	3.70%	6.73%	12.79%	19.87%	15.15%	36.70%
B5 因为单位鼓励、统筹安排,所以您参与文明城市创建相关活动	3.03%	2.02%	5.05%	10.44%	18.52%	17.17%	43.77%
平均值	3.97%	3.10%	6.33%	12.73%	19.19%	16.36%	38.31%

本研究以"参与行为"作为因变量进行分层回归分析,目的是验证"主观规范"会对"参与行为"产生正面的影响,即市民在决定参与全国文明城市创建中受到周围人的影响越大越会促进市民做出参与全国文明城市创建的行为(表 8.18)。本研究首先将性别、年龄等基础信息进行分析(模型 4),其次加入"主观规范"进行分析(模型 5),最后加入"参与意图"进行分析(模型 6)。

针对模型 4:将"性别""年龄段""受教育程度""目前从事的职业"等基础信息作为自变量,将"参与行为"作为因变量,进行线性回归分析,从表 8.18 中可以看出:模型 R^2 值为 0.089,意味着自变量可以解释参与行为的 8.9% 变化原因。仅有"目前从事的职业"的回归系数值为 0.135,并且呈现出显著性($t=2.451$, $p=0.015<0.05$),代表市民从事的职业会对参与行为产生显著的正向影响关系。

针对模型 5:其在模型 4 的基础上加入"主观规范"后,F 值变化呈现出显著性($p<0.05$),代表"主观规范"加入后,对模型具有解释意义。从表 8.18 中可以看出:R^2 值由 0.089 上升到 0.703,上升了 7 倍,代表"主观规范"可对"参与行为"产生 61.4% 的解释力度。而且"主观规范"的回归系数值为 0.900,并且呈现出显著性($t=24.449$, $p=0.000<0.01$),代表"主观规范"会对"参与行为"产生显著的正向影响关系,即"主观规范"与"参与行为"正相关,市民受到的"主观规范"越大,越容易做出参与全国文明城市创建的行为。

针对模型 6:其在模型 5 的基础上加入"参与意图"后,F 值变化呈现出显著性($p<0.05$),代表"参与意图"加入后对模型具有解释意义。另外,R^2 值由 0.703 上升到 0.870,上升了 23.76%,代表"参与意图"可对"参与行为"产生 16.7% 的解释力度。具体来看,"参与意图"的回归系数值为 0.828,并且呈现出显著性($t=19.209$, $p=0.000<0.01$),代表在"主观规范"正向的基础上,"参与意图"会对"参与行为"产生显著的正向影响关系,即市民"参与意图"越明显,越容易做出参与全国文明城市创建的行为。

表 8.18 以"参与行为"为因变量的分层回归分析结果 2

	模型 4	模型 5	模型 6
常数	6.520**(5.924)	2.006**(3.058)	0.965*(2.202)
性别	−0.342(−1.759)	−0.370**(−3.326)	−0.245**(−3.307)
年龄段	0.149(0.545)	−0.061(−0.387)	−0.093(−0.892)
教育程度	−0.278(−1.916)	−0.143(−1.717)	−0.065(−1.182)
目前从事的职业	0.135*(2.451)	−0.005(−0.147)	−0.035(−1.654)
月收入情况	−0.133(−1.120)	−0.029(−0.431)	−0.078(−1.737)
在苏州市居住的年限	−0.142(−1.249)	−0.157*(−2.404)	−0.039(−0.883)
主观规范		0.900**(24.449)	0.183**(4.066)
参与意图			0.828**(19.209)
样本量	297	297	297
R^2	0.089	0.703	0.870
调整 R^2	0.070	0.696	0.866
F 值	$F(6,290)=4.717$, $p=0.000$	$F(7,289)=97.758$, $p=0.000$	$F(8,288)=240.580$, $p=0.000$
$\triangle R^2$	0.089	0.614	0.167

因变量：参与行为。
* $p<0.05$ ** $p<0.01$ 括号里面为 t 值。

人在社会环境中不是一个单独的个体，做出的行为或多或少都会受到周围人的影响。调查发现，苏州市市民普遍存在参与全国文明城市创建动机缺失的情况，根据"主观规范"对"参与行为"的正向影响关系，归纳出以下几点问题。

8.4.2.1 全国文明城市创建缺少市民参与的利益机制

市民作为"经济人"，谋求自身利益最大化，市民缺少利益机制将会影响市民参与全国文明城市创建。市民在参与任何一项活动之前都会进行理性分析，对整个参与过程进行"成本—收益"分析。当参与全国文明城市创建的内容和自己相关，或者对自己有足够多的好处时，市民才会积极主动地参与。访谈中也有不少市民表示：由于参与全国文明城市创建需要投入额外的时间、精力，甚至金钱，他们只关注参与创建能否在短时间内收到回报，或者说无法准确计算出回报率，这些都会导致市民不愿意参与。另外，全国文明城市创建的重点一般都是解决民生问题，大多开展的是普惠性的项目，比如改善街巷环境、整治停车问题、维护基础设施等。如果市民不主动参与全国文明城市创建，最后也可以无差别使用、享用全国文明城市创建的成果。"经济人"经过分析之后得出的结论要么是不参与，要么就是通过浅显的参与达到一样的效果，这就是"搭便车"的心理。当市民的责任和义务无法约束市民时，市民就会缺失动力，造成市民政治冷漠或者消极参与。

8.4.2.2 政府的创建目标和市民愿景之间存在矛盾

一部分市民积极参与创建全国文明城市，踊跃反馈意见、建议，但是政府单位因为一些原因没有接纳或者应付了事，甚至是不予理会，久而久之，市民会认为自己的参与没有任何意义，参与积极性受到打击，市民就不再愿意主动参与了。可以看出，目前苏州市的市民参与虽然有了明显的进步，但还是停留在表面参与的层次，市民可以表达自己的观点并提出自己的建议，但是市民的建议不一定能得到采纳。"全国文明城市"是一个城市的最高荣誉，所以政府会积极参与创建。经常出现政府为了创建拿"满分""高分"而忽视了市民真正的需求，当政府部门的创建目标与市民真正期望的目标不一致的时候，市民参与的热情就会被减弱。政府创建的依据是全国文明城市创建的指标体系，创建的方向来自上级部门的指令，上层和基层的期望难免会有不一致之处，无法满足市民的真正需求。市民最关心的问题没有得到改善，肯定会有意见。

8.4.3 市民参与能力不足，文明创建效果难以保证

从297份可用样本中提取"知觉行为控制"量表五个维度数据情况，进行平均值分析，结果见表8.19。

表 8.19　苏州市市民"知觉行为控制"水平情况表

变量	题项	样本量/份	平均得分
知觉行为控制	C1 您认为您有能力参与全国文明城市创建相关活动	297	5.623
	C2 您认为您在参与全国文明城市创建相关活动过程中能做得很好	297	5.609
	C3 您认为可以抽出时间参与全国文明城市创建相关活动	297	5.330
	C4 您能协调好家庭、工作和全国文明城市创建活动的时间安排	297	5.313
	C5 您很清楚如何参与全国文明城市创建相关活动	297	5.253
	合计	297	5.426

"知觉行为控制"量表采用的是正向计分，每个题项共设置 7 分，1 分代表"非常不认同"，7 分代表"非常认同"，分值越大，代表越符合题项描述。本研究将"知觉行为控制"水平分为三个层次，得分均值小于 4 分，代表市民的知觉行为控制能力维持在较低水平；得分均值介于 4 分和 6 分之间，代表市民的知觉行为控制能力维持在中等水平；得分均值介于 6 分和 7 分之间，代表市民的知觉行为控制能力维持在较高水平。并且，均值越低代表知觉行为控制能力越低，均值越高代表知觉行为控制能力越高。根据表 8.19 可知，苏州市市民"知觉行为控制"总体得分均值为 5.426，市民对于参与全国文明城市创建的知觉行为控制能力处于中等水平，说明苏州市市民参与能力不足，文明城市创建的效果难以保证。

由表 8.20 可知，"知觉行为控制"维度各题项选择主要集中于"中性""略微认同""部分认同""完全认同"这四个选项，占比高达 88.23%，其中"完全认同"占比最高，为 36.50%，即仅有 1/3 的受访者认为自己有能力参与全国文明城市创建。另外，11.78% 的受访者不认为自己有能力参与，说明苏州市市民参与全国文明城市创建的能力有待提升。

表 8.20　"知觉行为控制"维度各题项分布情况

题项	完全不认同	部分不认同	略微不认同	中性	略微认同	部分认同	完全认同
C1 您认为您有能力参与文明城市创建相关活动	2.36%	2.69%	2.36%	13.80%	19.87%	19.53%	39.39%
C2 您认为您在参与文明城市创建相关活动过程中能做得很好	2.02%	3.37%	1.68%	14.14%	19.53%	21.89%	37.37%
C3 您认为可以抽出时间参与文明城市创建相关活动	5.05%	4.71%	4.71%	12.46%	19.53%	17.85%	35.69%
C4 您能协调好家庭、工作和文明城市创建活动的时间安排	4.71%	4.38%	4.71%	14.14%	19.87%	17.51%	34.68%
C5 您很清楚如何参与文明城市创建相关活动	4.71%	5.72%	5.72%	14.14%	18.18%	16.16%	35.35%
平均值	3.77%	4.17%	3.84%	13.74%	19.40%	18.59%	36.50%

本研究以"参与行为"作为因变量进行分层回归分析，目的是验证"知觉行为控制"会对"参与行为"产生正面的影响，即市民在决定是否参与全国文明城市创建时掌握的资源越多，遇到的障碍越少，就越愿意做出参与全国文明城市创建的行为（表 8.21）。本研究首先将性别、年龄等基础信息进行分析（模型 7），其次加入"知觉行为控制"进行分析（模型 8），最后加入"参与意图"进行分析（模型 9）。

针对模型 7：将"性别""年龄段""受教育程度""目前从事的职业"等基础信息作为自变量，将"参与行为"作为因变量，进行线性回归分析，从表 8.21 中可以看出：模型 R^2 值为 0.089，意味着自变量可以解释参与行为的 8.9%变化原因。仅有"目前从事的职业"的回归系数值为 0.135，并且呈现出显著性（$t=2.451$，$p=0.015<0.05$），代表市民从事的职业会对参与行为产生显著的正向影响关系。

针对模型 8：其在模型 7 的基础上加入"知觉行为控制"后，F 值变化呈现出显著性（$p<0.05$），代表"知觉行为控制"加入后，对模型具有解释意义。从表 8.21 中可以看出：R^2 值由 0.089 上升到 0.790，上升了 8 倍以上，代表"知觉行为控制"可对"参与行为"产生 70.1%的解释力度。而且"知觉行为控制"的回归系数值为 0.974，并且呈现出显著性（$t=31.055$，$p=0.000<0.01$），代表"知觉行为控制"会对

"参与行为"产生显著的正向影响关系,即"知觉行为控制"与"参与行为"正相关,市民掌握的资源越多、遇到的障碍越少,越容易做出参与全国文明城市创建的行为。

针对模型9:其在模型8的基础上加入"参与意图"后,F值变化呈现出显著性($p<0.05$),代表"参与意图"加入后对模型具有解释意义。另外,R^2值由0.790上升到0.874,上升了10.63%,代表"参与意图"可对"参与行为"产生8.4%的解释力度。具体来看,"参与意图"的回归系数值为0.731,并且呈现出显著性($t=13.852$,$p=0.000<0.01$),代表在"知觉行为控制"正向的基础上,"参与意图"会对"参与行为"产生显著的正向影响关系,即市民参与意图越明显,越容易做出参与全国文明城市创建的行为。

表8.21 以"参与行为"为因变量的分层回归分析结果3

	模型7	模型8	模型9
常数	6.520**(5.924)	0.884(1.580)	0.773(1.779)
性别	−0.342(−1.759)	−0.195*(−2.084)	−0.208**(−2.866)
年龄段	0.149(0.545)	0.024(0.181)	−0.064(−0.622)
受教育程度	−0.278(−1.916)	−0.060(−0.850)	−0.051(−0.928)
目前从事的职业	0.135*(2.451)	0.010(0.385)	−0.027(−1.280)
月收入情况	−0.133(−1.120)	−0.080(−1.404)	−0.088*(−1.983)
在苏州市居住的年限	−0.142(−1.249)	−0.128*(−2.331)	−0.044(−1.021)
知觉行为控制		0.974**(31.055)	0.285**(5.137)
参与意图			0.731**(13.852)
样本量	297	297	297
R^2	0.089	0.790	0.874
调整 R^2	0.070	0.785	0.870
F 值	$F(6,290)=4.717$, $p=0.000$	$F(7,289)=155.244$, $p=0.000$	$F(8,288)=249.533$, $p=0.000$
$\triangle R^2$	0.089	0.701	0.084

因变量:参与行为。
*$p<0.05$ **$p<0.01$ 括号里面为 t 值。

市民的文明素质在全国文明城市的考核中是很重要的一个环节，《测评体系》要求市民在公众场合可以做到文明有素质，《苏州市文明行为促进条例》的出台也助力了市民文明素养的培育。我们在调查中发现，苏州市市民普遍存在参与能力不足的情况，根据"知觉行为控制"对"参与行为"的正向影响关系，归纳出以下内容。

市民的文明素质从侧面反映出城市的文明情况，换句话说，人的文明对于城市的文明来说很重要。市民整体参与能力不足主要是因为市民受教育程度不足。

8.4.3.1 市民过分关注自身利益

部分市民文明素质较低，对于公共利益的意识不强，过于注重自己个人的利益。比如在老小区中，"乱晾晒"是一个频发的问题，这就是市民没弄清楚公共用地和私人用地之间的差异，侵占公共用地，损害他人利益，自身无法做到文明规范，更别提主动去参与全国文明城市创建了。在规模较大的公众参与中，因为有主导的组织或者人员，加上人的惰性，多数人不是抱着全力以赴的态度参与，而通常都是"随大流"，凑个热闹，应付了事，所以参与的实际效果也大打折扣。这些情况都在一定程度上影响了全国文明城市的创建效果。

8.4.3.2 市民素质与参与积极性不成正比

在访谈中，一部分受教育程度比较高、参与能力又比较强的市民表示他们参与全国文明城市创建的时间成本也比较高，他们往往更关注自身的事业、家庭，因此，往往无暇顾及苏州市全国文明城市创建的活动，就算他们有时间参与其中，效果往往也不尽如人意。还有一个群体是较低参与能力的，他们拥有参与热情和参与时间，这类群体的代表主要是社区的大爷大妈们。他们的文化水平总体相对不高、身体素质相对较弱，导致参与全国文明城市创建的效果也相对差一些。他们无法参与门槛较高的活动，只能参与最基本的活动，处于浅层次的参与。而且他们参与的活动种类也有限制，尤其是一些需要体力和耐力的活动无法安排他们参与。这类市民在接受访谈时也表明自己在参与全国文明城市的创建过程中存在心有余而力不足的情况。

8.4.4 平台建设不丰富，文明创建参与渠道较少

在调查中发现，部分苏州市市民愿意参与全国文明城市创建，但是苦于参与渠道不通畅，阻碍了参与的进程，影响了参与积极性，从而间接影响创建的效果。虽然苏州市的参与途径有很多，但是在实际操作的过程中，有一些参与途径只存在于理论层面，未能发挥实际的作用。

8.4.4.1 没有充分利用现有的参与渠道

市民参与全国文明城市创建主要通过政府决策、市民被动服从参与的形式，绝大部分是处于被动、不得不参与的状态。虽然苏州市有许多方式让市民主动了解全国文明城市，但是由于市民不是主动参与，所以有些渠道并没有真正发挥作用。社会的自发组织在引导市民参与全国文明城市创建方面，从一定程度上优于政府，比如灵活性和高效性。政府引导市民参与全国文明城市创建的参与层次比较低，市民被动参与，一是会心存意见，二是对参与的内容一知半解，参与效果大打折扣。但是社会组织不一样，因为社会组织可以帮助社会其他群体表达思想，反映问题。当政府引导市民参与全国文明城市创建效果不佳时，社会组织将会是一个比较好的选择，社会组织不同于政府，市民对其不存在抗拒感，更容易激发出参与热情。只有市民自发主动地参与全国文明城市创建，市民参与才可以从低层次转变为高层次。

8.4.4.2 市民与政府沟通渠道不通畅

政府没有建立有效、完善的沟通机制，政府和市民没有双向沟通，导致市民无法完全掌握政府公开的信息，也就无法做出正确的选择。在调查中，不少市民表示他们有时候想参与全国文明城市创建活动，但是苦于找不到参与的渠道，或者说常用的渠道并不方便。随着大数据的发展，市民，尤其是年轻一代，作为创建的主体，更愿意在线上完成了解、报名、参与的全流程。但是，苏州市目前应用于参与渠道的科技手段不能吸引、满足年轻一代的要求，无法形成良好的参与氛围，影响市

民参与度。另外，市民参与的诉讼渠道不畅通。苏州市市民参与全国文明城市创建以后，如果遭遇到了不公的对待或者权益受到侵害，只能通过12345或者苏州市的本地论坛进行申诉。但是调查中，很多市民反映，拨打12345热线或者在本地论坛留言很多时候都是石沉大海，根本得不到有效反馈。苏州市关于公益诉讼的制度还不健全，在市民参与过程中"遇到问题—提起诉讼—得到解决"的流程还不通畅，这些是市民参与全国文明城市创建有所顾虑的地方。

提升苏州市全国文明城市创建的市民参与对策研究

市民参与是民主政治建设的核心内容，让市民参与到全国文明城市创建活动中，不仅是国家创建全国文明城市的初衷，还可以让市民充分享受全国文明城市创建带来的丰厚成效。为了提升苏州市市民的文明素质水平，加快苏州市文明创建的进程，提高苏州市全国文明城市创建的实效，本研究根据调查情况，针对苏州市市民参与全国文明城市创建的实际情况，提出针对性的对策与建议。

8.5.1 营造文明创建浓厚氛围，提升市民参与意识

城市的规划和治理与市民息息相关，市民的生活质量和幸福感在很大程度上取决于全国文明城市的创建。虽然苏州市市民对全国文明城市创建的知晓率较高，但是对创建全国文明城市的目的、意义并不是很了解，为此，政府应该确立并保障市民在参与全国文明城市创建过程中的地位，增强市民的责任感，强化市民的参与意识，推动市民主动、积极地参与到全国文明城市创建中去。可以通过以下几个方面营造文明创建浓厚氛围，提升市民参与意识。

8.5.1.1 加大文明城市创建宣传力度

首先，加大社区入户宣传力度。为了进一步加大对苏州市市民关于创建全国文明城市的宣传力度，可以组织社区工作人员对市民进行入户宣传，发放全国文明城市创建相关的宣传单页、图册、调查问卷，广泛

宣传创建全国文明城市相关知识。只有让市民了解全国文明城市创建是什么及创建的重要性和必要性，市民真正认可这项工作，才会有参与创建的责任意识，更多地参与到苏州市的全国文明城市创建活动中去。另外，可以通过社区工作人员了解市民真正的需求及对创建全国文明城市的看法，吸收民意以更好地进行全国文明城市创建工作。

其次，广泛运用新媒体宣传。随着科技的发展，新媒体以其方便快捷的特点，被市民广泛使用。传统的媒体形式已经不能满足市民的日常生活，政府应该借助新媒体的力量，精准划分市民群体，针对不同类型的市民策划不同类型的活动，这样才可以更有针对性，更好地吸引市民参与全国文明城市创建，切实提升参与实效。

第一，将新媒体作为全国文明城市创建宣传的载体。比如进行公益广告的宣传，不仅可以从制作、张贴、维护等方面减少创建的成本，还能快速传播，尤其是方便市民转发宣传，通过指尖就可以完成分享及互动，达到传播的目的，而且覆盖面更广。同时利用新媒体策划开展一些市民喜闻乐见的主题活动，使得文明创建工作更接地气。第二，利用新媒体发布全国文明城市创建志愿服务活动。充分利用搭建完善的官方宣传教育渠道，结合当下热门的社交平台和短视频平台进行宣传，将政治知识以深入浅出、通俗易懂的方式对市民进行立体化的普及，可以浸润市民，达到"润物细无声"的效果。还可以向社会发布全国文明城市创建志愿服务活动的信息，借助网络手段召集有意愿、有能力参加志愿服务的市民。也可以将志愿活动进行直播，让市民直观地了解为什么要组织志愿活动，参与志愿活动要做些什么，志愿活动可以达到什么样的成果，等等。这样不仅可以提升创建全国文明城市的社会影响力，拉近市民与政府之间的关系，而且能够让市民意识到自己是城市的主人，参与城市的治理是自己的权利和义务，进而自发、主动地参与到文明创建中。

8.5.1.2 发挥党建引领作用

为持续推进苏州市全国文明城市创建工作，促进市民参与，需要以党建作为引领，充分发挥党组织领导的核心作用和党员先锋模范作用，切实做好全国文明城市创建的宣传、引导工作。

首先，成立全国文明城市创建工作小组，加强领导监管力度，强化网格管理责任，形成社区工作人员及党员志愿者结对的机制。并结合网格化管理要求，将职责落实到位，认真查找创建过程中的薄弱环节，动员市民一同营造优美整洁、文明有序的居住环境。其次，社区党员干部以身作则，下沉到小区，以自身行动带动社区工作人员、志愿者和市民，发扬"我是党员，我先行"的工作作风，发挥"三不怕"的精神。一方面可以增强党员意识，另一方面可以发挥党员先锋模范作用，影响市民群众，提升市民参与意识，一同参与全国文明城市创建。最后，党员志愿者可以通过多种形式，不断扩大创建宣传面，引导广大市民群众自觉树立良好的文明意识，养成文明行为，不断提高市民群众对创建工作的知晓率、参与率和满意度，鼓励广大群众参与到创建工作中来，形成良好的全国文明城市创建氛围。

8.5.1.3 树立道德模范榜样

每一位道德模范都是一座精神丰碑，我们可以从他们身上学习到的不仅仅是无私奉献精神，还有社会主义核心价值观的丰富内涵。只有充分发挥道德模范的感召作用，才能引导市民践行社会主义核心价值观、营造社会新风尚，才能凝聚多方力量参与到全国文明城市创建中去。

我们在调查中了解到苏州市有一位"中国好人"，他是一位老旧小区的门卫，从一开始帮居民跑腿买菜，到后来的收寄快递、维修家电、陪护老人等，不多收居民的钱，在完成本职工作的情况下，还将居民的其他请求完成得很好。受到他无私奉献精神的感染，越来越多的居民和他一起组建了一支志愿服务队，平时经常组织辖区内的青少年开展主题活动，例如"净美街巷"环境综合整治、扶贫帮困等，可见道德模范的榜样力量是无穷的。

政府应该充分发挥道德模范的榜样带头作用。第一，要充分激发市民在道德模范学习中的积极性与主动性，不断丰富道德学习内容，优化道德学习路径,效仿道德模范在全国文明城市创建过程中发挥的积极作用。第二,通过多渠道、多方式宣传道德模范,激发市民的关注度与参与度,让市民全方位地接受道德模范教育,向道德模范看齐,积极争当"道德模范"。第三,要构建道德模范的保障和回报体系,不能仅仅拘泥于物质层面,还要在精神层面给予支持和表彰。

8.5.2 完善市民参与保障机制,激发市民参与动机

诸多城市在市民参与城市治理工作中,重视零散的活动创新,而忽略了保障机制的重要性,通过保障机制的建立,确定市民参与的合法立场,有利于打破原有的被动参与格局,市民能够更深、更广、更有效地参与全国文明城市创建等城市治理工作,并依此激发各主体的参与动机。苏州市可以通过以下几个方面完善市民参与保障机制,提升市民参与动机。

8.5.2.1 完善市民参与立法保障

建立合法的程序才能够顺利推进规则的实施。无论是全国文明城市创建工作还是城市治理工作,缺乏法定的程序保障,也就难以推进。因此,要建立健全的法律体系保障市民参与,就需要先构建出一套合法程序,能够使公众参与具备合法性与可行性。因为这是市民应尽的义务,所以要制定市民参与全国文明城市创建工作的标准及考核要求,同时还要赋予公众参与社会管理工作的权利,强化市民参与的前置程序,吸引更多市民参与全国文明城市创建。例如,在前期决策过程中,就可以将市民参与纳入创建全国文明城市的法定流程。①

强化市民参与的司法保障。全国文明城市创建工作是一项综合性与复杂性兼备的系统性工程,涉及的行业领域、部门领域众多,几乎涵盖了社会生活的方方面面,考核指标复杂且多变。在这种背景下,许多社

---

① 马彩华,游奎. 环境管理的公众参与:途径与机制保障[M]. 青岛:中国海洋大学出版社,2009:93.

会性问题的解决与整改也是全国文明城市创建工作的重点工作内容。如何让市民合法地参与到问题的整改中,如何让不文明现象处罚事项的复议工作更加合理,则需要司法保障及时进场。在这个方面,有关管理部门可以借鉴其他国家的通用方法,比如在创建全国文明城市过程中设置独立的复议委员会,并聘请公共文明领域有关学者或专家充分地参与复议工作,从而有效地保障市民参与。

8.5.2.2 建立市民参与激励机制

要提升市民参与全国文明城市创建的动机,物质激励与精神激励相结合非常有必要,建立激励机制是为了增加市民参与的可能性。建立激励机制的最终目的是吸引市民参与苏州市全国文明城市创建的相关活动,根据市民的意见、建议,优化创建方案,从而使得市民自身受益。市民都是"经济人",在做出任何行为之前都会预判付出和收获的情况,如果付出较多,收获却极少,市民权衡之后会选择放弃这种行为。在参与全国文明城市创建的过程中,除了需要市民自身的资源、知识储备和经验累积外,还需要一些费用和时间。如果政府无法对参与全国文明城市创建的市民予以物质激励,市民参与就无法持续。所以,政府可以建立专项资金,对参与全国文明城市创建工作的市民提供经济上的补贴,转移市民承担的成本。还可以举办一些主题活动,每次参与获得相应的积分,最后可以通过积分兑换一些基础的生活用品、鸡蛋、蔬果等。这一定程度上可以降低市民的参与成本,提升市民参与动力,市民在参与全国文明城市创建的过程中没有后顾之忧,真正地激发市民的参与热情和积极性,市民也更加愿意为苏州市创建全国文明城市提供建议。此外,对于市民提出的有建设性的意见,特别是被人民代表大会采纳并体现在法案中的,政府可以对提出意见的市民进行物质上的激励,鼓励越来越多的市民参与到苏州市全国文明城市创建中。

与此同时,精神激励措施也非常重要。奥尔森认为,经济激励不是人们唯一在意的,更多的时候,人们还会想要得到其他的激励,比如说较高的声望、真挚的友谊或者是他人的尊敬。如果在某一件事情上,无法进行有效的经济激励，那么还可以以其他形式给予个人社会激励。①有些市民生活富足，不在意物质激励，反而更渴望精神激励，所以市民如果通过参与全国文明城市创建，可以获得其他类似声望、尊重、友谊等，就会激发他们参与的热情，会愿意主动参与。比如：可以定期组织评选"文明志愿者""文明先锋"，并公布在新时代文明实践志愿者服务平台上进行表彰，化被动为主动，唤起市民的参与热情，激励市民积极参与全国文明城市创建。

8.5.2.3 完善监督回应机制

因为全国文明城市创建的方向基本来自上级部门的指令，加上监管存在控制机制与惩罚细则不足的情况，所以市民反馈的意见无法真正影响决策。由于市民群众的参与意见很少被反馈，很少被落实，市民的参与热情受到打击，同时政府的公信力也会降低，为后续全国文明城市创建工作的推进埋下隐患。因此，政府部门首先应转变思路，主动立法，将市民参与意见的吸收路径及反馈路径明确下来。其次，还可以尝试建立外部监督机制，比如人大代表与政协委员、公益组织、媒体。最后，政府部门在文明创建等公共治理的过程中，必须杜绝形式主义，重视市民群众提供的每一个线索或意见，研判核实后，要能够体现在管理的过程中，而不能只建立机制，竖立牌子，却不做好工作。除此之外，还要将反馈结果告知有关市民，这样的双向互通才能够有效响应市民参与的热情，延续市民持续参与建言献策的行动，提高市民参与的质量。

8.5.3 加快建设文明培育机制，提升市民参与能力

在市民参与中，市民的热情和积极性固然重要，市民的参与能力也很重要。只有市民有效参与，市民参与才能促进社会的发展，否则只会造成公共资源的浪费。在全国文明城市创建过程中，有些市民具备强烈

---

① 张存. 公共选择理论视角下的公民参与［J］. 西北农林科技大学学报（社会科学版），2007，7（1）：71-74.

的参与意识和积极性，但是由于自身素质能力有限，真正参与起来也比较吃力，效果不尽如人意。可以通过以下几个方面加快建设文明培育机制，提升市民参与能力。

8.5.3.1 开展市民教育

全国文明城市创建周期较长，创建的成效需要长期才能获得。所以，大部分市民会出现"搭便车"的心理，不主动参与进来。在这个情况下，政府应该针对市民的政治素质开展市民教育，激励市民自觉、自愿地参与到全国文明城市创建中，更好地发挥其主体作用。

首先，要增强对市民的民主教育，提升市民的政治素质，并将民主教育与其他类型的教育有机结合，在学校、社区进行民主实践，比如与学校合作开展"文明小交警""小小志愿者"等活动，在活动中学习文明交通规则，从小培育市民的文明意识。另外，苏州市有较多的古街小巷，可以对古街小巷的历史文化进行梳理并绘制成书本，通过向市民介绍历史典故的方式，引导市民保护这些古街小巷，培育市民文明参与的意识。其次，增强对市民的政治教育，旨在培育市民民主意识，推动市民参与全国文明城市创建。最后，培养市民的大局意识，通过对市民大局意识的培养，市民不再局限在自己的个人利益中，而是站在宏观的角度看待问题，为集体利益着想。

城市文明建设的基础是为民建设，并做好市民的道德素质建设。文明城市建设与市民素质提高相辅相成，不仅能让市民在参与的过程中提升自我、完善自我，还能动员各方力量，共建共享。因此，务必坚持以道德建设为引领，大力弘扬社会主义核心价值观，将创建工作的重点放在提高市民政治素养与道德素质水平方面，继而打造一个具有城市特色的市民精神形象，深化城市核心内涵。[①]

由于市民大部分受儒家文化的影响，政府应该有机融入社会主义核心价值观和个人主义，体现个体的价值，比如在学校、社区、单位开展

[①] 方立明，薛恒新. 略论城市文明与市民道德素质 [J]. 道德与文明，2009（1）：68-71.

形式多样的社会教育课程，提升市民的逻辑思维能力。市民通过学习不断进行自我教育，提升自己的能力，有助于保证其理性、有效地参与，改善全国文明城市创建的实际效果。

8.5.3.2 培育社会组织

单单靠政府一方力量去引导市民参与全国文明城市创建肯定不够，还需要依靠各界社会组织。政府应该积极推进和这些社会组织的联系，多多沟通，解决社会组织存在的问题，给予社会组织支持。目前，社会组织虽然数量较多，但是因为发展的时间较短，力量还不够，政府考虑时常常会将社会组织排除在外。所以，政府应该探索出一条在全国文明城市创建中调动社会组织力量的道路。拓宽参与主体，更好地进行社会治理。

一方面，应该扩充社会组织中的专业人员。社会组织的成员都来自各行各业的不同领域，他们都是社会工作的实操者，其专业程度直接影响到参与全国文明城市创建的效率及质量。政府应该在数量较大的社会组织中，挑选出专业素质强、影响力大的组织人员，激发他们的参与积极性，发挥他们对全国文明城市创建的积极作用。

另一方面，引导市民成为志愿者。市民参与全国文明城市创建应该有组织性，市民可以通过加入现有的社会组织、参加社会公益活动的方式，互相学习，汲取经验，更好地投身全国文明城市创建工作。因为他们从群众中来，贴近群众，了解市民的真实想法。市民是一个群体，只有集中群体的力量才能更好地应对全国文明城市创建工作的压力，所以在全国文明城市创建中，只有培育社会组织，才能充分发挥市民参与的积极作用。

8.5.3.3 加强社区工作队伍建设

社区是社会治理的基层基础，是基本单元，是党和政府联系服务群众的"最后一公里"，加强社区工作队伍建设，是完善社会治理体系的一项重要基础性举措，也是加强市民文化培育的一个重要方面。

第一，严把入口，设立社区工作者准入制度。应根据工作需要，向社会公开招收不同年龄层次的人才，重点向有多年社会工作资历的中青年倾斜，形成一支结构合理、人员稳定、经验丰富的社区工作人员队伍。第二，增强能力，提高社区工作者自身素质。强化党建引领，加强思想教育，提升基层人员综合素质；开展培训，增强基层人员的履职能力和业务水平；持续开展社区后备人才"传帮带"活动，打造业务精、能力强、素质高的社区骨干队伍。第三，厘清职责，推进社区工作者减负增效。持续强化减负增效，规范向社区下派工作事项，建立社区事项准入制度，明确"基层组织事项清单"，促进社区工作者回归主责主业。第四，考核绩效，调整社区工作者工资待遇。结合社区专职工作人员的实绩逐步提高其工资报酬和相关福利，确保社区工作人员的年收入不低于本地职工上一年度的人均收入水平。对连续多年考核优秀的社区工作人员和担任社区主要负责人一定年限且工作表现突出的人员，可出台配套政策进一步提高其工资待遇和福利，激励其长期扎根社区。

8.5.4 加强文明城市阵地建设，拓宽市民参与渠道

调查发现，许多市民很想参与苏州市的全国文明城市创建活动，但是渠道不畅通，导致参与率较低，所以政府有必要进一步畅通市民参与渠道，使得公众更多地参与到各类全国文明城市创建活动中。具体可以从以下几个方面着手。

8.5.4.1 充分发挥阵地资源效能

新时代文明实践中心（所、站）是"家门口的精神家园"，政府应该充分利用好新时代文明实践中心，通过举办各类活动，宣传关于全国文明城市创建的内容，加强对市民的教育，增强市民责任感，提升市民的参与能力，使其逐渐成为创建全国文明城市工作中的中坚力量。

充分发挥阵地资源效能，要摸清摸透辖区内的公共空间，将可利用的资源利用起来，避免闲置；整合各个条块的资源，根据市民的需求，优化配置，开展文明实践活动；将省级、市级的优质资源逐步过渡给基层；推动县域之间、乡镇之间、村社之间资源的交流和互动。

8.5.4.2 打造理论宣讲新阵地

学习实践科学理论系列活动,让更多市民深入领会习近平新时代中国特色社会主义思想,进而引导市民更充分地了解党的百年奋斗历程和丰功伟绩。运用市民喜闻乐见的方式、通俗的语言,多层次、全方位、立体式地面向居民群众宣讲党的政策。通过绘本、视频等方式,结合苏州市深厚的历史底蕴,将24字社会主义核心价值观的深刻内涵讲通讲透,用实际行动践行社会主义核心价值观,使市民能够得到教育的浸润和熏陶,争做新时代文明新风尚的传播者、践行者和受益者。以丰富多样的形式倡导群众培育健康文明的生活方式,引导人们自觉抵制陈规陋习,让移风易俗观念深入民心。通过多种形式进行理论宣讲,拓宽市民参与途径。

8.5.4.3 开展群众性精神文明活动

群众性精神文明活动是人民群众群策群力、共建共享、改造社会、建设美好生活的集中体现,是提升市民素质和城市文明程度的有效路径,是把社会主义精神文明建设的任务要求落实到城乡基层的重要载体和有力抓手。比如:将中华民族传统节日作为载体,开展精神文明活动。充分发挥志愿者作用,以空巢老人、留守儿童、残疾人等困难群体为重点,围绕文明旅游、文明交通、环境保护等内容开展常态化的学雷锋志愿服务活动,让"志愿红"成为文明城市先行者、倡导者,使全民创建全国文明城市的理念更加深入人心,促进全体市民参与全国文明城市创建。